品牌建筑师丛书®
Branding Architect Series

栋梁广告丛书

奥运之年
十二大品牌之伤

Twelve Wounded Brands in the Olympic Year of 2008

贾丽军 林升梁/编著

本书对2008年发生重大伤害的十二大品牌进行重点介绍和点评，涉及的品牌有：万科、汇源、五谷道场、三鹿、蒙牛、家乐福、康师傅、刘翔、恒源祥、百年润发、百度、国美。

中国市场出版社
China Market Press

图书在版编目(CIP)数据

奥运之年十二大品牌之伤/贾丽军,林升梁编著.一北京:中国市场出版社,2009.5

ISBN 978-7-5092-0519-8

Ⅰ.奥... Ⅱ.①贾...②林... Ⅲ.企业管理:质量管理一世界 Ⅳ.F279.1

中国版本图书馆CIP数据核字(2009)第055422号

书　　名:奥运之年十二大品牌之伤

编　　著:贾丽军　林升梁

主　　编:林升栋　林升梁

责任编辑:宋　涛

出版发行:中国市场出版社

地　　址:北京市西城区月坛北小街2号院3号楼(100837)

电　　话:编辑部(010)68034118　读者服务部(010)68022950

发行部(010)68021338　68020340　68053489

68024335　68033577　68033539

经　　销:新华书店

印　　刷:河北省高碑店市鑫宏源印刷包装有限责任公司

规　　格:787×1092毫米　1/16　16.25印张　220千字

版　　本:2009年7月第1版

印　　次:2009年7月第1次印刷

书　　号:ISBN 978-7-5092-0519-8

定　　价:32.80元

Twelve Wounded Brands
in the Olympic Year of 2008

序 言

序 言

1983年6月，中国大陆第一个广告专业在厦门大学成立。这在中国广告界具有里程碑的意义。之后，广告专业从星星之火，到燎原之势，发展速度之快是新闻传播类其他专业所不能比拟的。这是广告业界大发展推动的结果，是媒介市场发展的需要，也是高校适应市场化办学的改革趋势。

与此相反，中国广告教育的发展远远跟不上广告行业的发展步伐。主要问题是：

第一，缺少中国特色的广告理论构建。中国目前的广告理论多数来自美国，中国学者做引进、评述或研究西方广告理论的工作，当然必不可少，但它并不表现为中国广告学的研究水平。在“本土化”旗帜的感召下，有人开始关注并分析本土的资料，有人开始挑战西方的广告理论，他们推崇中国经验的独特性，并试图找出西方广告理论不能作出恰当解释的中国广告现象，从而对西方广告理论提出某些批评或作局部观点的修正。但其所拥有的依然是“西方”的视野，其所问的问题依然是西方学术界所建构的问题意识。当前中国广告学的研究（其他领域也是）事实上存在着西方的话语霸权，这种话语霸权消解了中国广告问题本身的重要性，而凸现了西方社会广告二元的思维模式。我们认为，正确的提法应该是建构“中国特色广告学”，其关键在于确立“中国广告问题”的主体意识，而不是仅仅把精力花在寻找中国经验的独特性，然后将之作为西方广告学理论的注脚上。

第二，中国广告专业“封闭办学”现象仍很严重，各院校各自为政，与外界缺乏联系。主要原因一是与实务界缺乏联系，教师、课程、教材等一定程度上与实际脱钩；二是同行之间缺少联系。随着形势的发展，院校势必要走向开放办学，争取各方面的支持，与外界积极沟通，把院校、广告经营单位、社会三者有机融合在一起，营造新的广告教育大环境——大广告教育圈。只有这样，才能改变目前院校广告专业间画地为牢的状况，为广告学研究和教学提供沟通交流的园地。

第三，在教材建设方面，还存在着滞后的现象，教材不能跟上鲜活的现实，对现实的指导意义还不是很大。当前很多广告系采用自编的广告教材，但多数教材模仿或脱胎于陈培爱教授1987年出版的第一本广告学教材《广告原理与方法》。这些教材多是一人主编、多人合著，鲜有鲜明的个人特点和一家之言；而且没有根据时代变化再版修订，观点和内容难免陈旧。

作为一个新兴的教育领域，中国广告教育30多年来存在着上述不可忽视的种种瓶颈，阻碍着广告教育的进一步发展，影响着广告教育最大化的发挥教育目标。可以说，这些瓶颈没有解决，中国的广告教育永远无法与国际同步，永远是一个学习者、跟随者而不会走出中国自己的广告教育之路，在国际广告教育界永远无法挺起脊梁。**中国的广告需要引进，这是毋庸置疑的，引进之后更需要消化，更需要建构。**而广告教材的建设，是一切“中国特色广告学”建构的根本。

基于此，我们推出“栋梁广告丛书”，这套丛书有以下特色。

第一，“栋梁广告丛书”整合中国高校、企业、广告公司、媒体四大领域的新锐，让他们的激情和豪情为改革开放以来中国广告的下一波浪潮添砖加瓦。新锐的选择有三点，一是年轻；二是饱含写作的欲望；三是具备写作的能力。

第二，“栋梁广告丛书”涵盖广告历史、理论和实务三大领域，分为“历史卷”、“理论卷”和“实务卷”。其中，每卷又分为“科普类”、“教材类”和“专著类”，九个类别在封面上分别体现为“红橙黄绿蓝靛紫黑白”九种底色。“科普类”面向大众；“教材类”面向高校本科专业；“专著类”面向研究生和高年级本科生。

第三，“栋梁广告丛书”虽然涉及传统的广告历史、理论和实务三大领域，但不与传统写法重叠，不重复建设。该丛书定位新领域、新观点、新方法，每本书必居其一。丛书吸收了国内外广告的精华，以中西合璧、古今贯通为特色，真正实现对本土广告业的催动和提升。

中国广告教育对推动中国市场经济的发展发挥了很大的作用，今后是否应融入经济全球化的时代潮流，适应市场化对国际化广告人才的需求？答案应当是肯定的。改革开放近三十年来，中国的广告教育已由一张白纸走向规模的扩大，又由“量”的扩大走向“质”的提高，现在是到了由质的提高走向国际化发展的时候了。而广告教材的建设，是广告能否实现从“量变”到“质变”的关键性因素，“栋梁广告丛书”的推出，正是迎合并且满足了时代转型的要求。

栋梁兄弟

Twelve Wounded Brands
in the Olympic Year of 2008

目 录

| 目录 |

Contents

| 目录 |
Contents

Twelve Wounded Brands in the Olympic Year of 2008

前 言 一

|前言一|

苦难让人坚强，让人成长，纵观古今中外，但凡有所建树的人士，无不有着这样那样的苦难经历，这也许便是现在“挫折教育”日渐抬头的来由吧。而本书多少也是顺应了这样的趋势，以一种全新的角度，对大起大落、大喜大悲的2008奥运年，作一下简单却意味深远的反思。

“成王败寇”的衡量标准，自古以来深入人心，因此，市面上多的是为成功品牌“歌功颂德”的礼赞，鲜有对失败者只言片语的剖析。本书可以说是开创了“向失败者学习”的先河，正如托尔斯泰所说的“幸福的家庭都是相似的，不幸的家庭各有各的不幸”。当我们习惯了对成功者的正面分析，并日渐产生审美疲劳的时候，我们需要的是从一个全新的角度，反向研究一下那些不成功者，深究其“为什么不成功”的原因，如此的思维撞击，也许能带来意想不到的灵感，而这正是卓越形象一直以来奉行的“反向品牌美学”的真谛所在——当所有人都奔往同一个方向时，反向而行者，往往最能洞察先机，开创无界。

在这个追求速度的时代，“快速成长”成了每个品牌的梦想。纵观本书提及的这些品牌，无一不是在“快速成长”这一剂生长激素刺激下酿成的品牌恶果，所谓“欲速不达”，也正是这个道理，因为品牌的成长从来就不是一蹴而就的事情，它是一项系统的、持续的、恒久的工程。在卓越形象多年的实战过程中，我们一直坚持“品牌建筑”的理论，以“科学、艺术和创新”三大基石，为客户系统构建品牌，不求“一时成功”，力求“一世成功”，以科学严谨的态度，构筑中国的品牌大厦，这也是本书试图通过反面的案例，来晓谕品牌经营者的用意所在：在品牌快跑时代，不如做一个善于修炼内功、保存实力的慢跑者吧，这样才能在品牌之路上跑得更远。

“师夷长技以制夷”，中国企业一向强调向国外成功的企业学习，多年来造成中国品牌的“照搬症”——照搬国外的成功经验，并复制到自己的品牌身上，如此带来的是品牌的水土不服，造成中国本土品牌集体缺钙——没有品牌的根基，更不具备品牌个性。是的，我们不拒绝学习，但学习不是最终目标，基于学习的创新，并结合中国市场的实际情况学以致用，才是真正的目标所在。所以，我们强调“Glocal”（Global＋Local），在学习国外成功品牌经验的同时，更要总结中国的本土经验，如此才能去伪存真，找到真正适合中国品牌的发展之路，实现中国企业的世界梦想。

本书是卓越形象继《反向品牌美学》、《品牌建筑学》后品牌建筑丛书的又一新作。卓越形象一直以来注重理论与实践结合，致力于探索中国品牌的成功之路。本书集结卓越形象近二十年品牌运作的经验，理论与实践并重，从一个全新的角度，为中国企业的品牌建设打开全新的思维空间。在此，卓越形象愿与业界共同分享这份智慧，共同探讨中国品牌国际化的明天。

面对 2009 年，“衰退”和“萧条”似乎已经成为这一年的定义。在这样的大环境下，本书依然如期付梓，我们是想借由此书传达一种信念：面对汹涌而来的全球金融危机，我们不会盲目恐惧，反而有更多的勇气来直面问题，正如我们在探寻中国品牌发展的历程中虽然遭遇过如此众多的“伤痛”，但是我们依然对中国品牌的发展充满希望——本书直面现实的自我批判，正是坚挺信心的表现。

2009 年，在衰退中把握重生的希望。《奥运之年十二大品牌之伤》，让我们在失败的冷思考中，找到品牌发展的真谛。

谨以此书献给“涅槃重生、浴火升天”的中国本土品牌。

卓越形象首席创意官　贾丽军

2009 年 1 月

Twelve Wounded Brands
in the Olympic Year of 2008

前言二

前言二

刚刚过去的2008年是个天灾不断、人祸连连的年份。春节期间的冰灾、“5·12”四川特大地震、橘农惨况、奶业污染、股市低迷、金融危机、房价暴跌……究竟还有什么？为什么我们期待已久的2008奥运之年会是这个样子？

一、2008年是一个特殊的年份，从资本市场到实体经济，节节下挫的市场也给品牌业带来巨大的震荡，主要表现在以下方面。

第一，世界经济的不景气波及中国，导致中国金融、房地产、股市等低迷，相关品牌因为资金链问题，受到重创。

第二，品牌自身问题在2008年各种因素的作用下，爆发成全行业危机。这些危机从根本上说是中国品牌只追求短期经济效益、不重视长期品牌投资的结果。其对品牌的危害性、持久性和毁灭性，显而易见。

第三，有些品牌平时不注意“修养”，经常“不修边幅”，吓消费者一跳，在2008年非常规因素的诱发下，出现更多的“低级错误”。这些品牌虽然也有很响的知名度，但美誉度不够，长此以往，就会“积劳成疾”。

二、2008年受到重创的品牌归结起来，主要有以下类型。

第一，有的品牌受伤是因为经济环境不佳等宏观因素引起，如万科（退房门事件）、汇源（被可口可乐并购事件）、五谷道场（破产门事件）等。

第二，有的品牌受伤是因为自身原因，并祸及整个行业，如三鹿奶粉危机、四川广源柑橘“生蛆”事件等。

第三，有的品牌虽然没影响到整个行业，但由于自身行为不当损失惨重，如家乐福奥运门被抵制、康师傅矿泉水水源问题、恒源祥十二生肖恶俗广告、百年润发更换代言人、百度竞价排名事件、国美老总黄光裕被抓等。

第一种品牌受伤我们可以称之为品牌业的“天灾”，它主要受到2008年整体环境的制约。第二种、第三种品牌受伤我们可以称之为品牌业的“人祸”，主要由品牌建设者自身行为不当造成。

“天灾”具有潜在性、突发性、不可控性的共同特点，因此从某种程度上说，它是不可避免的，但可以减轻乃至渡过危机；“人祸”从技术上讲是不应该发生的，可以避免，但难以根除，因为现实中品牌管理者的不完美性格和行为缺陷使得这一切的发生也变得“不可避免”。

三、2008年中国的民族品牌和民族企业两面作战的压力达到了极点。

第一，要与海外、国企大资金作战。随着越来越多跨国品牌和跨国公司进入中国，它们依靠雄厚的资金实力，在中国四处招兵买马。即便在并购案发生之后，摩根大通仍然发表研究报告称，维持汇源跑输大市的评级，因为汇源果汁股权回报率及开工率较低、运营资本要求却很高。汇源果汁的竞争对手康师傅控股和统一企业上半年的果汁销售表现不佳，推测汇源也好不到哪儿去。如果国内的资金不能对优质企业进行有效的支持，民族品牌落入海外或国企大资金之手，是迟早的事。

第二，要在本土恶劣的生存环境里作战。为了生存，民族品牌不得不扛起民族工业的大旗，但在发展过程中粗放式的急功近利行为，一旦出现问题，就会造成消费者对诉求民族情感的逆反心理，导致消费者对民族品牌的全盘否定。

我们再仔细想想：

如果万科品牌管理者在房地产泡沫破裂前夕，就以战略的眼光未雨绸缪，采取各种措施应对泡沫破裂的危机，就不会发生员工被打、业主示威退房等闹剧。如果作为中国纯果汁市场占有率第一的汇源平时能够注意资金链问题，就可以安然渡过经济不景气时期。如果五谷道场广告投放时多加考虑自身的承受能力，就不会葬送一个美誉度如此之高的方便面品牌。

如果三鹿真正想把品牌做大、做强，真正把消费者放在第一位，就不会漠视人命关天的质量问题而导致品牌的彻底毁灭，乃至消费者对整个奶业失去信心。如果四川广源柑橘在发现初期能果断处理，就不会出现波及整个行业的果农利益受到伤害。如果康师傅矿泉水在生产中坚持广告宣传的“选取的优质水源”，也不会造成消费者现在宁愿喝白开水，也不想喝矿泉水的局面。

如果恒源祥不把消费者当白痴，就不会播出那则恶俗广告。如果国美老总在创业时期能够洁身自好，就不会在成功之后锒铛入狱，殃及自身品牌。如果家乐福能够稍微了解中国消费者的民族情感，就不会在奥运期间为藏独分子提供支持并且行为嚣张，其品牌就不会被中国人所厌恶。

但是世界上没有那么多“如果”。从三鹿到蒙牛、从汇源到五谷道场，我们曾寄以厚望的民族品牌和民族企业家，我们曾经发誓中国的民族品牌要走向世界，但是就像中国足球队一样，他们让我们再次失望了。

更为可怕的是，某些品牌为了金钱，把消费者的性命置于不顾，把毒品当食品卖，长期对消费者隐瞒，其行为与犯罪无异。这样的例子过去发生过很多起，2008 年再次发生，只能是“哀其不幸”了，最终落得个自我毁灭的可悲下场。

我们认为，在某些情况下，品牌业的“天灾”和“人祸”是一对悲情兄弟，他们彼此相生，在一定条件下可以互相转化。“天灾”往往触发成“人祸”，“人祸”常常演绎成“天灾”。但不管是“天灾”还是“人祸”，归根到底还是“人祸”。如果“房子盖得牢固点，再大的地震也不怕”。就像可口可乐，百年之树常青，不管遇到多大的风雨。

消费者有时是愚蠢的，但消费者更多的时候是聪明的，消费者已经变得比过去更加谨慎和成熟。2008 年中国品牌的创伤告诉我们，民族品牌“路漫漫其修远兮”！倘若中国企业家不注意在失败中吸取教训、不注意以消费者为中心、不注意提升自身的品牌修养，中国的民族品牌很可能只是行业原料的提供者，处于产业链的最下游，永远无法走向世界。

2008 年，中国品牌业的动荡再次让我们反思：经营环境与扭曲的融资渠道，是如何诱发企业家逼走他乡的？是如何逼迫民族品牌贱卖？如果中国失去了最有能力的企业家与民族品牌，只剩下规模位居前列的世界跨国品牌和跨国公司，中国本土经济将会如何？中国改革的经济成果将落到谁的手中？

四、跨国品牌集团对本土品牌的频繁并购如果一直持续下去，其可能产生的负面风险主要有以下方面。

第一，品牌业的外资垄断格局将渐成气候。跨国品牌集团通过对本土品牌的大规模收购，一方面增强了自身实力、拓展了营销网络、融入了本土市场，另一方面也将可能出现的竞争对手消弭于无形。这一趋势的不断发展，将使市场天平愈发向外资方倾斜、优质资源愈发向外资方富集，从而导致我国市场集中度愈来愈高，最终，几大跨国集团将通过旗下品牌全面垄断中国市场。而借助垄断地位的形成，跨国集团又将市场的话语权、行业标准制定的主导权收入囊中，以抬高市场准入门槛来实现市场份额的独占，以集团间利益的分配来实现其对中国市场的共管，强者恒强、弱者恒弱的“马太效应”将初露它的狰狞。

第二，本土企业的品牌成长之路就此中断。改革开放以来，我国本土品牌成长之路虽然崎岖，但大浪淘沙始见金，一大批优秀本土品牌逐渐在激烈的市场竞争中站稳脚跟，前景可期。但汹涌的外资并购浪潮，很可能将我国企业30年来的努力付诸一炬。对于跨国集团来说，这些本土知名品牌，既是其分割中国广告市场利益的绊脚石，又是其全面进军中国市场的最佳跳板，因此，在相关外资政策逐渐放开后，并购这些知名品牌的企业就被提上了各大跨国集团的日程表。如果本土品牌不从根本上重视自身建设，如果不能在政策上给予本土品牌重点保护，其结果只能是我国本土品牌成长之路就此中断，并最终导致“多米诺骨牌效应”。

患难见真情，大火出真金。2008年品牌业的“天灾”是对中国本土品牌生存能力的考验，“人祸”则是对中国本土品牌管理者运作能力的挑战。我们终究还是要乐观面对这场灾难，战胜它！这是我们唯一的选择。相信风雨之后必定是灿烂的阳光，中国本土品牌会更加坚强！

2009，中国品牌加油！

林升梁

2009年1月

Twelve Wounded Brands
in the Olympic Year of 2008

第一章

万科：从“地震”到“寒冬”

品牌背景

万科企业股份有限公司成立于 1984 年 5 月，是目前中国最大的专业住宅开发企业。成立之时，万科是以“现代科教仪器展销中心”的名称注册的，国有性质。当时公司开发中国大陆专业视频器材市场，成为深圳市最大的进口销售商，营业额一度占国家计划外市场的 60%。1987 年公司更名为“深圳现代科仪中心”，与日本 SONY 等公司建立了承销关系。1988 年政府批其准股份化改组方案，定名“深圳万科股份有限公司”，并于同年进入住宅行业。1991 年，公司正式在深交所上市，是中国大陆首批公开上市公司之一，代码“0002”。

从 1991 年到 1993 年，面对市场中充满了对暴利的躁动，万科开始了对战略的思考并作出自己的选择。1993 年 1 月，万科上海务虚会决定放弃综合商社模式，提出加速资本积累迅速形成经营规模的方针，确立以城市居民住宅为主导业务。万科实际战略调整包括：从多元化经营向专营房地产集中；从多品种经营向住宅集中；投放资源由 12 城市向北京、上海、深圳、天津集中。1994 年 3 月，君安证券公开向万科提出改革倡议：收缩工业、贸易、股权投资；保留文化公司；全力发展和充实房地产业务。

1993—1996 年，国家紧缩银根，股市暴跌。1996—1998 年，国民经济增速减缓，经济低迷，通货紧缩。但 1993—1998 年，万科逐步走上专业化道路，利润稳步增长、净资产收益率稳步下降到 10% 左右的合理水平。万科走上了稳步发展的道路。经过调整，毫无意义的“万科”已经变成了“城市花园”和“万佳百货”的代名词。万科地产被视为中国住宅地产第一品牌，万佳百货也雄踞广东零售行业销售总额首位。2001 年，万科将万佳转让给华润公司，最终完成其由多元化公司向专业住宅地产公司的转变。

2001 年以来，万科公司以房地产为核心业务，逐渐成为行业翘首，获得了“中国地产领跑者”和“中国房地产第一品牌”之称，被评为“中国房地产上市公司十强”之首，连续两次荣获福布斯“全球最佳小企业”称号。公司旗下“四季花城”、“城市花园”等品牌得到各地消费者的接受和喜爱，公司产品“情景花园洋房”是中国住宅业第一个专利产品，公司物业管理在全国首批通过 ISO 9002 质量体系认证，公司开发的深圳城市花园诞生了中国第一家自发选举的业主委员会。经过多年的不懈坚持，公司规范、透明的企业文化和稳健、专注的发展模式以及对商业伦理的坚守和倡导得到社会的普遍认可。2004 年，万科在“中国最受尊敬企业”评选中名列第二位，在“中国最佳企业公民行为评选中”得票数居本土企业第一位。

2005 年 6 月 23 日，工商总局通过官方网站正式公布新近认定的驰名商标，“万科”名列榜单，成为中国房地产界第一个国家认定的驰名商标，彰显了万科的品牌价值和客户认同，再次印证了万科行业领跑者的地位。2005 年 6 月 10 日下午，2004 年度中国最受尊敬企业颁奖典礼在北京大学百年讲堂隆重举行。万科作为本届获奖企业中唯一的房地产企业，以“成就公民荣耀”方面的突出表现获得该奖项。这是万科连续第三度获此殊荣。

由国务院发展研究中心企业所、清华大学房地产研究所和中国指数研究院三家研究机构共同组成的中国房地产 TOP10 研究组完成了“2005 中国房地产百强企业研究”，研究成果于 2005 年 4 月 2 日在钓鱼台国宾馆发布。通过规模性、赢利能力和成长性三方面 14 项指标的定量分析，万科荣获“2005 中国房地产百强企业综合实力 TOP10 评选”第一位，并在规模性、赢利能力专项评选中分列第一位和第四位。

万科委托盖洛普调查公司对万科所在城市的4.2万多户客户进行了一次满意度调查。结果是老业主的整体满意度为78%，忠诚度为56%；新业主的整体满意度为77%，忠诚度为50%。

至2007年末，万科全国市场占有率为2.1%，业务覆盖到以珠三角、长三角、环渤海三大城市经济圈为重点的29个城市。当年共销售住宅4.8万套，销售套数位居世界前茅，跻身全球最大的住宅企业行列。

案例介绍

从2008年初的冰灾，到震惊世界的汶川特大地震，再到北京奥运火炬传递中的干扰以及奥运会最后的成功举办，接着是令国人揪心的“三聚氰胺”事件，最后再加上年终爆发的国际金融危机，2008年对于整个中华民族来说，显得如此漫长而又刻骨铭心。然而，对于万科来说，2008年同样是一个多事之秋，从汶川特大地震后出现的“捐款门”，到员工的报复性自焚事件，以及全面降价所引起的退房潮，万科三次被推向舆论的风口浪尖，虽然每一次事件后，万科都采取应对措施，但是毋庸置疑的是，万科作为中国地产业的领头羊，在经过了20多年的一路高歌猛进之后，终于在2008年尝到了真正的受伤的滋味。以下是对万科2008年三次品牌受伤事件的描述。

一、万科“捐款门”事件始末

2008年5月12日四川汶川特大地震当天，万科曾宣布捐款220万元，不足其净利润的万分之四，引发了网友对其捐款数额过低的质疑。

5 月 15 日，王石写下一篇名为《毕竟，生命是第一位的（答网友 56)》的博客文章。王石在文章中称："200 万元是个适当的数额。中国是个灾害频发的国家，赈灾慈善活动是个常态，企业的捐赠活动应该可持续，而不应成为负担。"

一石激起千层浪。王石表态很快为公司以及他本人带来更多铺天盖地的指责甚至谩骂，万科 8.2 级的地震从此开始。

万科的捐款数额实际上也令一些公司员工失望。尽管王石在博客里写到，职工捐款以 10 元为限，但灾难面前万科员工的捐款大大超出这个标准。截至 5 月 19 日中午，万科统计的员工募捐数据为 115 万余元。其中深圳分公司的 200 余名员工捐款 19 万元，达到人均捐款近千元。而在资本市场上，从 5 月 15 日至 20 日，万科股价大跌 12%。

最近，世界品牌实验室发布了 2008 年"中国五百最具价值品牌排行榜"，指出万科受"捐款门"事件影响，品牌价值比 2007 年缩水了 12.31 亿元。

面对公众的指责，王石对此作出的回应是："赈灾才开始，请节省谩骂的气力用在赈灾行动上吧。"

万科公司表示，自地震发生以来，公司一直密切关注各方面信息，多名公司管理人员、技术骨干及外聘专家先后赶赴救灾现场了解情况，万科集团网站上也开始记录公司员工在灾区的工作内容。

5 月 16 日，处于舆论风口浪尖的万科由董事长王石带领国内结构专家队前往都江堰勘测灾后建筑情况。

5 月 17 日，万科的工作人员分成两路，一路与抗震结构专家及房屋鉴定专家前往北川考察灾后房屋状况；另一路出发向绵竹市遵道镇运送赈灾物资。

5 月 18 日，万科派出 45 名员工护送赈灾物资前往绵竹县遵道镇，同时约有 110 名工人一同前往灾区搭建帐篷。

但是，外界对于万科专业救灾的表态并不十分接受。相比于现场送物资、搭帐篷等让人看来作秀似的演出，万科似乎更需要一次实质性的正名。万科 5 月 20 日终于以公告的形式表示，将无偿投入 1 亿元参与灾后重建。

公告称，公司董事会同意，批准公司参与四川地震灾区的临时安置、灾后恢复与重建工作，并以绵竹市遵道镇为重点；该项工作为纯公益性质，不涉及任何商业性（包括微利项目）的开发；批准公司在净支出额度人民币 1 亿元以内参与上述工作；上述费用将在未来 3 到 5 年内，根据实际需要逐年支出。公司将在每年的年度报告中披露具体的支出情况。①

5 月 21 日，王石在接受凤凰卫视采访时公开道歉。

6 月 5 日，万科 2008 年第一次临时股东大会召开，《关于参与四川地震灾区灾后安置及恢复重建工作的议案》以 99.8%的同意率获得通过。1 亿元捐款中的约 7 000 万元用于援建遵道镇，约 3 000 万元用于援助四川省其他灾区。

二、万科员工报复性自焚事件始末

深圳万科物业服务有限公司为万科旗下全资附属公司。2008 年 10 月 8 日上午，该公司离职员工钟林均手持两瓶汽油，冲进他多次交涉离职补偿金的万科物业，全身洒上汽油纵火自焚并扑向公司智能化工程经理吴平。虽然大火迅速被扑灭，但钟、吴二人严重烧伤，公司办公室受损。

钟林均的妻子说，钟由于万科物业裁员而离职，但其他同事获得 15 万元左右的离职金，而钟仅能拿 7 万元，他因此愤而纵火。

万科物业的说法是，2008 年 7 月 28 日，原由万科物业向深圳市万科房地产有限公司提供的班车服务，改由外包公司负责，包括钟林均在内的 11 名司机需要另行择业。11 名司机中，有 4 名选择转

---

① 谢蔓，陈齐，黄颖．扬己之长房企展开援建　支援灾区应长期持续［N/OL］．新快报，［2009-05-23］．http：//gz. focus. cn/news/2008-05-23/476358. html.

岗，7名选择解除劳动合同。7名离职司机中，补偿金最高者获得14万元，而钟为42 683元。

不患寡而患不均。钟林均遂不断找公司交涉，公司后来同意将其补偿额度提高到7万元。与钟林均要求的14万元相比，两者相差7万元，万科物业拒绝再作调升。

事件发生以后，外界质疑万科可能为提前应对业绩下滑，已经启动裁员潮，有业内人士分析，万科内部已经爆发巨大矛盾和困难。

2008年8月初，万科发布中期报告，业绩增幅同比下降50%以上。受融资受阻影响，万科主动缩减开工面积，王石应询时还表示，虽然不利因素很多，但万科不会考虑裁员。

但是从万科公布的自焚事件的细节来看，在王石表态不裁员的同时，其属下公司万科物业已经展开裁员动作。

有业内人士指出，一些著名的上市房企，为顾及行业影响和法律问题，在需要裁员时通常不会直接“炒人”，而是采取公司内部调整，将员工调到另外的岗位，或者以降职、降薪等方式，逼员工自己走人。很显然，万科目前采取了这种变相裁员措施。

媒体调查发现，万科变相裁员，并不止于万科物业。媒体引述万科上海公司员工话语表示，万科上海公司变相裁员可能已经开始，该公司正将一些非业务部门人员抽调至销售前线。万科人力资源部门负责人否认上海万科裁员的说法，称相关安排是让非业务部门员工到业务部门交流。但员工担心，从没有从事过项目销售的员工，如果无法达到业绩管理的指标而被评价为“需改进”，就有可能被迫协商解除劳动合同，失去现在的工作。

钟林均自焚事件曝光后，外界不再对万科裁员将信将疑，“可能现在只是开始”。公开销售数据信息显示，万科业绩呈现下滑趋势，这被认为是万科相关举动的合理逻辑。

对于业界所指的“裁员秘密意外曝光”一说，万科公关部门负责人坚称，自焚事件所涉人员离开万科“不是裁员”。此表态与王石此前言论保持一致。

三、万科“退房潮”事件始末

2007 年 6 月，王石公开抛出房价已经出现泡沫一说，“中国房价涨得过快，升幅过大，已经出现泡沫，2 到 3 年间泡沫将破裂”。

2007 年 12 月 13 日，在“海螺行动Ⅱ”的新闻发布会上，王石又抛出“我承认楼市确实出现拐点”的言论。

2007 年末到 2008 年 2 月份，万科就已经开始在全国一些城市作了一次降价的尝试，主要的试点区域在珠三角。2008 年中秋节期间，万科又在长三角发起了特价促销，这次价格的下调幅度更加惊人，杭州某些项目的降幅甚至达到了 25%。10 月份，万科京津塘地区也开始了相应的降价措施。

“拐点论”出炉后，万科践行“拐点论”相继在多个城市降价促销，有计划地执行经深思熟虑的企业竞争策略。深层次观察，这种策略路线不只是为了解套楼盘快速卖房，也不只是“为了给其他中小开发商施加压力，达到‘清理门户’的目的”。更具说服力的解释是：获得官方希冀的资金资源，减压地价预期，促使二手地价下降，以便于未来更平衡地两条腿走路，“资金土地，一个都不能少”。

虽然很多业内人士指出，房地产行业持续将近十年的大牛市即将结束，而且在短期内很难有所起色，在这个时候，保持足够的现金当然是明智的选择，降价自然成为万科获取现金的利器，通过降价，万科进一步巩固了自己的领先地位，将后面的竞争对手甩得更远。但是，让万科意想不到的是，此次降价也给万科带来了很大的负面伤害。不但招来了房地产同行的“公愤”，也遭致相当多老业主的不满，在深圳、杭州、上海、南京等城市，招致部分同行和前期购房者的抗议，更有甚者砸办公室、集体散步、威胁“退房”；一波未平，一波又起，网络上流传的一篇题为《松山湖会议》的讲稿再次将万科置于舆论的漩涡，这篇文章以万科高管的口吻称万科将“降价杀底”、“半月后北京公司开始大降价”，令人真假莫辨；而随着整个A股市场的暴跌，万科也不能幸免，自5月份以来，万科A已经劲跌60%左右，甚至低于同期地产板块跌幅和大市跌幅，虽然降价措施带来了8月份公司销售业绩的显著提升，股票价格却丝毫不买账，随之而来的，则是王石本人面临的“辞职门”危机。

“通过这次降价，万科在我心目中的美好形象已经荡然无存了。”一位万科的业主气愤地说道。过去20多年，依靠良好的服务、过硬的质量，万科已经在消费者心目中建立起了高于其他竞争对手的公司品牌，并且进一步转化成产品溢价——同一个地段、同一种类型的房子，万科的价格至少要比其他开发商的价格高出10%，有的甚至要高30%。

如今，在“粗暴”的降价之下，万科已经不再是高质高价的代表了。消费者们突然发现，原来万科和其他开发商的差别并没有那么大，进而对万科曾经合理的产品溢价产生了怀疑，最终将会对万科的公司品牌造成巨大的伤害。

虽然在降价之后，面对突如其来的退房潮，万科又制定了“差价补偿”的策略，即对一些老业主，以降低装修费用、送停车位等形式弥补因降价给他们带来的损失，但是终因执行难度大、成本过高等原因，并没有收到很好的效果。

案例评析

纵观万科在2008年的三次受伤案例，就外部归因而言，“捐款门”事件是由汶川特大地震引起，而员工报复性自焚事件和“退房潮”主要是由于全球经济“寒冬”的到来造成的国内房市的走低，但是归结于深层的内部原因，还是万科在品牌建设以及企业经营管理中的不成熟。以下是对万科受伤原因的深层解析以及提出的相应建议与对策。

一、重大事件发生后的事件营销意识的淡薄

汶川特大地震之后，社会各界纷纷出资出力予以援助，而企业界也掀起了捐款与捐助物资的热潮，这样的行动对于企业来说有双重意义：一方面，面对这样的国难，作为国家的经济主体，企业有必要也有义务承担相应的社会责任；另一方面，在这样震惊世界的事件发生之后，一个优秀的品牌应该具有事件营销意识，通过积极的行动，赢得媒体和消费者的好感，从而提升自己的品牌形象。

所谓事件营销，是指企业通过策划、组织和利用具有新闻价值、社会影响以及名人效应的人物或事件，吸引媒体、社会团体和消费者的兴趣与关注，以求提高企业或产品的知名度、美誉度，树立良好品牌形象，并最终促成产品或服务的销售的手段和方式。

然而，就在各家企业纷纷出巨资援助灾区的同时，万科作为中国房地产届的领军企业只捐出了 220 万元的善款。鉴于房地产作为一项高利润产业以及万科在 2007 年超过 532 亿元的销售业绩，220 万元的捐款显示出万科在事件营销方面意识淡薄，非但没有起到很好的广告效果，相反，相比于其他大手笔的企业，万科品牌价值遭到磨损。然后，拥有王老吉品牌的加多宝集团却在这次事件中显示了优秀的事件营销能力，为万科上了生动的一课。

2008 年 5 月 18 日晚，在多个部委和央视联合举办的“爱的奉献——2008 抗震救灾募捐晚会”上，拥有红色罐装王老吉商标使用权的香港加多宝集团捐出 1 亿元人民币，成为当时国内单笔最高捐款企业，其善举顿时成为人们关注的焦点。紧接着，“封杀王老吉”、“买断王老吉”成为网络上的热门话题。接下来便不断出现王老吉销量剧增，并在一些地方断销的新闻。随后，王老吉现象便成为各大媒体、民众关注的焦点。王老吉高尚的民族情结感动着每一个中国人。

事件营销之所以有如此大的威力，关键在于事件营销把人们对事件本身的关注，通过比附、引导和互动，转化为对企业本身和品牌的关注。加多宝集团在这次事件营销中所表现出来的策略也为万科以后避免这样的“受伤”提供了对策。

1. 审时度势，快速跟进

事件尤其是重大事件的发生往往是突发性的，如自然灾害、生态灾难、战争、突发公共事件等，因此，对于事件营销，企业必须具备快速反应的能力，对事件保持敏锐的嗅觉，快速跟进，事件营销才有可能成功。本次“5·12”汶川特大地震是历史罕见的突发事件，王老吉的捐款时机选在灾后的第一时间，在万众瞩目的赈灾晚会上进行捐款，是审时度势的典型。

2. 创造并满足顾客价值

站在顾客满意的角度考虑问题，而不只是一时间的“哗众取宠”甚至“诱骗顾客”，和人民一条心，不违背大众意愿，不损害公众情感。本次加多宝捐额巨大，却高度低调。以公众较陌生的“加多宝”名义捐赠，并且没对此事进行有明显痕迹的公众传播。这理应是它急公众之所急、站在公益角度的结果。

3. 关注事件本身、营销活动的诉求点和公众利益的关联性

公众所关注的是事件得以传播的核心点，即事件的新闻性。事件营销的新闻性符合传媒活动的规律，所以抓住了事件的新闻性就抓住了媒体的眼球，抓住了媒体的眼球也就抓住了公众的眼球。而企业的诉求点是企业正向信息、品牌理念的传播。因此，企业一定要把所期望的诉求点很自然地融入到公众所关注事件的热点之中，三点聚结为一点才能有力击中目标。王老吉成功地把公众的关注点与事件的热点、捐款企业以及数额，巧妙地结合起来，为王老吉赢得了产品美誉度与企业知名度，最终达到了增加产品销量的目的。

4. 全方位整合营销

整合营销传播强调以顾客为中心，综合运用多种传播手段和传播工具，以实现传播效率的最大化。在事件营销过程中，企业需要调动内外的媒体、关系等资源，整合广告、宣传、公关、促销等营销手段，关注每一道与顾客产生联系的环节，并进行精密策划，才能把事件营销的功效发挥到最大。此次王老吉把握了人们的爱国心理，运用各种资源，成功做到了：整合了时事，从地震后低调捐款事件到“封杀”王老吉事件，借助“负面万科事件”进行抬杠式推广；整合了各大媒体资源，包括论坛、QQ群、博客等的同时，制造一系列新闻事件，引起媒体不断关注，促进网络、报纸、杂志各大媒体的报道。

二、危机事件爆发后的危机公关意识的缺失

万科“捐款门”事件发生后，无数的网民甚至媒体默认王石和万科是一个冷血的资本产物，然而事实是否真的如此呢？让我们看一看下面的数据。

2003—2006年，王石曾多次探望西藏拉萨盲童学校，并给予捐助；2005年，万科员工于年底发起捐款，募集30余万元，于2006年4月30日捐赠给西藏盲童学校，目前这一项目已经成为万科企业公民的长期项目；同年9月，万科出资为盲校录制“天籁童心”音乐CD，并进行义卖，所得款项4万余元捐给盲校。

2005年6月，万科深圳公司捐款20万元援建贵州黄平县苗陇乡希望小学；9月1日，在新建的深圳市龙岗区万科城实验学校的开学典礼上，万科深圳公司向该校捐资100万元；2007年5月，给龙岗区慈善基金会追加捐款100万元。

另外，在环境保护方面，万科作为发起单位之一，参与了“阿拉善SEE生态协会”，王石担任该协会的副会长，与郭广昌等知名企业家一起，共同参与中国治理沙尘暴的事业。公司持续4年每年捐出20万元，支助阿拉善SEE生态协会帮助内蒙古的治沙行动；同时，王石还与广西崇左生物多样性研究基地达成协议，捐赠100万元支持生态保护。

2008年初中国南方大部分地区遭受严重冰灾，万科捐赠800万元支援灾区以及灾后援助。

如此看来，在慈善方面，万科并不是所谓的“冷血”，恰恰相反，在很多方面，万科甚至可以成为国内相当一部分上市公司的典范。可为什么这样一家公司，在此次“捐款门”的处理当中，完全处于被动了呢？一方面是王石的言论对万科产生了影响，另一方面也暴露出国内上市公司危机公关方面的不足。

此次危机的形成，有三方面的原因：第一，万科捐款数额没有达到网民们的心理预期。当然，这并不是最主要的原因，因为捐款自愿，并不是只有万科一家不达预期。第二，也就是导致此次危机升级的最主要原因，就是王石博客上的言论。或许，王石的话本身并没有错，但是他特立独行的言论选择了不恰当的时机，被痛骂也就在所难免了。第三，在王石的“10元论”引发万科公关危机后，所作出的回应不及时，直至事态进一步扩大才作出了被舆论认为没有诚意的回应，这又是一大失误。

危机公关指的是对突然发生的，可能严重影响或危及组织机构生存和发展的事件的公共关系管理活动，即运用公关的手段对此类事件进行处理。一般来说，危机事件包含四种类型：公害（环境污染）问题引起的危机；意外性灾难事件引起的危机；次货或劣货引起的危机；反宣传事件引起的危机。此次万科所遭遇的虽然是汶川特大地震这样的灾难性事件，但地震事件本身对于万科来说却是中性的，而万科在灾难后的捐款数额以及王石作为万科决策者的失误言论将万科推向了舆论的对立面，从而使万科遭受到反宣传事件的影响。

危机公关处理中的首要原则是速度，在这次地震事件发生后，其实有一些企业和万科一样由于初期判断失误，捐款数额相对较低，然而大部分企业在明确形势后迅速追加了捐款，化解了舆论质疑，然而万科却迟迟没有回应，这也正是危机的萌芽。更为甚者，王石在自己的博客抛出的“理性捐款”论，引起了舆论更大的反对热浪。

虽然在此之后，万科连续采取了应对措施，并在最后关头追加了1亿元的善款参与震后重建，但无疑这样的反应速度已经无法挽回万科所遭受到的品牌价值的流失。

另外，本次危机公关中作为组织决策者的王石也负有很大的责任。如今的中国市场出现了很多具有公众效应的明星企业家，如蒙牛的牛根生、阿里巴巴的马云、联想的柳传志等，作为关系国计民生的房地产业，也出了潘石屹和王石这样的明星级企业领袖。作为公众人物的企业家，对于品牌来说是一把双刃剑：用得好，利用他们的品牌效应，通过一些积极的公共活动能够提升品牌的知名度和美誉度；然而用得不好，也很容易因为个人的不利行为和言论，牵连到整个品牌的形象。平心而论，王石的所谓“理性捐款”论，从维护股东和整个企业的利益出发，并不是没有道理，错就错在他选择了以错误的时间、错误的地点、错误的方式发表了这样的言论。更为错误的是，作为一名明星级企业家，王石的影响力使得这样的言论达到了很强的传播性，并被误读为万科作为一个组织所发出的声音，对万科的品牌形象造成了严重损害。

大灾面前何须理智！而万科在此次事件中遭遇的零零总总，也许是这家国内顶级房地产企业未来更好发展所需交的学费。

三、经济“寒冬”与行业逆境中的品牌建设

无论是万科离职员工的报复性自焚事件，还是后来万科在全国房市率先掀起的降价潮而引起的退房潮，无疑都是全球经济“寒冬”的大背景下所造成的房地产行业的逆境所引起的。万科在这样的情况下，采取了裁员和降价这样的手段以减低企业运行成本、迅速回笼资本、作好准备“过冬”都是情理之中的事情，但是面对经济“寒冬”，在保证健康的企业运营以渡过难关的同时，品牌的建设同样也不应该遭到忽视。

万科一向重视员工的管理，自创建以来，一贯主张“健康丰盛

人生”，重视工作与生活的平衡；为员工提供可持续发展的空间和机会，鼓励员工和公司共同成长；倡导简单人际关系，致力于营造能充分发挥员工才干的工作氛围。2001 年起，万科每年委托第三方顾问公司对全体职员进行员工满意度调查。2007 年 11 月，万科作为唯一一家房地产企业以“雇主品牌”项目，荣获由北京大学管理案例研究中心、《北大商业评论》和企业家与企业管理研究院联合设立的“中国管理学院奖”。2008 年 1 月，万科荣膺第三届“CCTV 年度雇主调查”评选“最具领袖气质的年度最佳雇主”称号。然而在房市“寒冬”的背景下，万科也不得不拿最心爱的员工开刀，裁员在所难免，所不幸的是，万科变相裁员的方式和在裁员过程中的处理不慎又一次将万科引入危机当中，而这一次伤害的不是国人，而是万科员工本身，最终受伤的还是万科的品牌形象。

再来看降价风潮。房地产市场从一定程度上来说是资本的市场，在房市“寒冬”的大环境下，回笼资金成为过冬的主要战略。于是，降价成为万科获取现金的利器。从目前来看，效果非常明显。万科降价短短几天之内就在上海卖出了 6 亿多元的房子，杭州的 400 套房子也在短时间内卖出了 300 多套，其他城市降价之后的情况也非常乐观，这也使得在 2008 年前 8 个月全国重点城市住宅成交量下降 46% 的不利情况下，万科的销售面积仅比上年同期下降了 4.8%，销售金额还逆势增长了 5%。另外，通过降价，万科进一步巩固了自己的领先地位，将后面的竞争对手甩得更远了。2007 年上半年，万科在全国的市场份额是 1.9%，而 2007 年全年已经提升到了2.07%，2008 年上半年万科的市场份额进一步上升到 2.7%。

然而事情总有其两面性，万科“如饥似渴”的激进扩张，虽然赢得了实体资本的增长，但是降价引起的老业主的不满情绪以致很多地方的退房潮却又在一定程度上损害了万科的品牌资产，股票的下跌也许从一个侧面反映了这一事实。

品牌资产是企业在客户心中累积起来的无形资产，所以，客户关系的长期维护成为品牌资产累积的一个重要方面。“家”在中国传统文化中具有至高无上的地位，所以买房也就成为普通老百姓一生中最为重要的一笔消费。而房地产作为一种高额消费，对于普通消费者来说重复购买性很低，于是很多房地产商自然对消费者的品牌忠诚关注度不高，于是后期的物业维修、管理等服务往往低于消费者的预期值。作为一家有品牌远见和企业长远建设思考的企业，万科一直把客户关系的长期维护作为企业发展的立足点，并遵守“客户是我们永远的伙伴”的核心价值观。20 年来，强烈的客户意识一直贯穿于万科的发展历程中。

成立之初，万科是日本著名电器品牌索尼的产品代理商，索尼在销售及售后客户服务等环节上做得非常出色，万科亦深受影响。进入房地产开发领域后，万科便迅速以营销优势打开局面，物业管理也获得了相应的口碑。

在第二个 10 年里（1992 年底—2001 年），万科从香港新鸿基地产的客户关系管理模式中获得了不少启示，比如 1998 年成立的“万客会”，便是仿照前者的客户组织“新地会”成立的。而 1997 年和 2002 年分别被万科定为公司的“客户年”和“客户微笑年”，足见万科一直以来对客户的尊重和关注。

然而，二十多年的历史对于一家有着远大品牌愿景的企业来说，只能算是起步阶段，客户关系的维系和品牌建设都是一项长期的工程。在这次突袭的经济“寒冬”中，万科只顾资本的累积而忽视老客户的满意度，的确给品牌资产造成了一定损失。规模和品牌可谓硬币的两面，必须保持良好的平衡，过于强调某一面的重要性都是不合适的。其实，这样的教训过去有过很多，曾经在消费电子领域创造过辉煌时代的索尼，一度由于过度追求规模而忽视了品牌，最终被竞争对手三星超越。经历了这样一次“寒冬”的考验，也许万科在品牌建设方面会吸取到更大的教训。

四、总结

2008 年已经逝去，从“地震”到“寒冬”，万科在这一年中所经历的每一次“受伤”虽然都留下了刻骨铭心的痛，却也给万科在品牌建设和企业经营管理等方面留下了一笔宝贵的经验财富。事件营销、危机公关以及如何在逆境中建设品牌，这些都是成长中的万科需要慢慢学习的。然而，在经历了这样不平凡的一年后，作为中国地产业的领军企业，我们有理由相信万科在不断的学习和调整中会逐渐迈向成熟，不仅能将万科打造成为优秀的民族品牌，也能将这样一个房地产品牌推向世界舞台。

（王苦舟）

第二章

汇源并购：人为刀俎，我为鱼肉

品牌背景

一、汇源集团简介

北京汇源饮料食品集团有限公司是主营果、蔬汁及果、蔬汁饮料的大型现代化企业集团，1992 年创立于山东省，1994 年将总部迁至北京，1998 年开始向全国发展。

自成立以来，汇源集团在全国各地创建了 30 多家现代化工厂，链接了 400 多万亩名特优水果、无公害水果、A 级绿色水果生产基地和标准化示范果园；建立了遍布全国的营销服务网络，构建了一个庞大的水果产业化经营体系。

目前，汇源已成为中国果汁行业第一品牌。汇源商标被评为“中国驰名商标”，汇源产品被授予“中国名牌产品”称号和“产品质量国家免检资格”。集团累计研发和生产了 500 多种饮料食品。据 AC 尼尔森最新公布的数据，汇源 100％果汁占据了纯果汁 46％的市场份额，中、高浓度果汁占据 39.8％的市场份额。同时，浓缩汁、水果原浆和果汁产品远销美国、日本、澳大利亚等 30 多个国家和地区。

汇源集团拥有 100 多条国际最先进的 PET 瓶、康美包、利乐包、怡乐屋顶包等无菌冷灌装生产线，并开创和引领了中国饮料 PET 瓶无菌冷灌装的新时代。汇源集团的水果原浆加工的冷破碎、浓缩果汁加工的超微过滤、饮料生产的无菌冷灌装等项工艺和技术均处于世界领先地位。集团所属工厂先后通过了 ISO 9001 质量体系认证、HACCP（食品安全管理）体系和 ISO 22000 质量体系认证，并获得被认为审核最严格的 BRC（英国零售商协会标准）证书。

汇源集团自成立以来，带动了整个中国果汁行业的发展，引领了果汁健康消费的新时尚，促进了水果种植业、加工业及其他相关产业的现代化发展，帮助百万农民奔小康。

汇源集团一贯奉行“营养大众、惠及三农”的企业使命和“取之于社会，奉献于社会”的企业宗旨，积极履行社会责任。汇源集团始终注重农业产业化的发展，把促进所在地区农业产业结构调整和当地经济发展、改善生态环境作为自己的一项社会责任，逐步提高了原料及辅助材料的国产化程度，建立起自己的原料生产基地。先后投巨资在北京顺义、怀柔和山东沂蒙山区、三峡宜昌、山西右玉、山西应县、江西赣州、吉林延边、四川成都和新疆等地建厂，推动了农业产业化发展。十几年来，汇源集团累计缴纳税金 20 多亿元，投入社会慈善、公益事业的资金、物资价值数亿元。汇源集团曾荣获“农业产业化国家重点龙头企业”、“全国工业旅游示范点”、“全国三峡工程建设先进单位”、“最具市场竞争力品牌”等各项殊荣。董事长朱新礼被评为 2007 年度 50 位最具领导力的 CEO 之一。

2006 年，汇源同法国达能集团、美国华平集团、荷兰发展银行、香港惠理基金建立战略合作联盟。2007 年 2 月 23 日，“中国汇源果汁集团有限公司”股票在香港联交所成功挂牌上市，公开认购部分共获得超额认购 937 倍，上市当日股价上涨 66%。

二、汇源的发展之路

作为国内最早进入果汁市场的企业之一，汇源集团的企业愿景是争做果蔬饮料行业领跑者。自创立以来，汇源集团坚持“勤奋、务实、高效、创新”的企业精神，“制度化、标准化、目标化”的管理要则，不断发展壮大。

1. 注重品质，奠定汇源成功基础

质量就是生命，汇源集团始终严把质量关，良好的品质为汇源的发展奠定了坚实的基础。

在原料供应方面，汇源集团在优质优势原料基地建设龙头工厂，带动了几十家果蔬茶奶等优质原料基地的建设和发展。其中部分基地生产的水果、蔬菜已通过了无公害食品、绿色食品认证。汇源通过自行加工果蔬原浆、浓缩浆、浓缩汁，不仅满足了汇源大部分果蔬汁和果蔬汁饮料灌装的需要，而且出口 20 多个国家。同时，从美国、巴西、以色列、西班牙等国进口优质浓缩果汁。为实现优质浓缩橙汁的国产化，汇源还在重庆建设了育苗基地。

在技术方面，汇源也一直坚持走创新道路。2001 年以来，汇源相继引进了 14 条世界最先进的 PET 瓶无菌冷灌装生产线，全面掌握了各项关键控制技术，并进行了一系列技术革新，开创了我国果汁饮料无菌冷灌装的新时代。无菌冷灌装产品与其他产品相比，具有安全、新鲜、口味好、颜色鲜、保质期长的绝对优势。此外，汇源同国内外著名的行业协会、科研机构、大专院校建立了良好的技术合作关系，实施了几十个科研项目，取得了多项技术创新成果。

通过链接优质的原料供应基地，引进全球先进的技术，汇源不仅保证了果汁的新鲜和营养，更有效节约了后期的生产成本。

2. 细分市场，开展营销传播活动

在发展过程中，汇源集团瞄准果汁这一细分市场，开展了成功的营销传播活动。

20 世纪 90 年代初期，饮料行业还是碳酸饮料与纯净水、矿泉水的时代，整个果汁市场还处于培育期。当时国内虽然也有一些生产果汁饮料的企业，但规模都很小。汇源公司瞄准了这个潜力巨大的细分市场，成为我国第一家大规模的果汁饮料生产企业，并在短短几年时间跃升为中国饮料工业十强之一。

汇源把握了消费者对健康的需求心理，塑造了一种健康、天然的品牌形象。2007 年 8 月 30 日，汇源果汁宣布启动“汇源 100%营养早餐计划”，在北京、上海等城市全面开展 100%纯果汁健康消费普及活动，倡导营养均衡的早餐习惯。同时，汇源通过体育营销和娱乐营销活动，成功地提升了品牌的知名度和美誉度。比如 2007 年 5 月，汇源果汁赞助“中国之队”首次出征有 156 年历史的美洲杯帆船赛，2007 年 11 月赞助了 MTV 超级盛典。

经过 16 年的发展，汇源品牌赢得了国内消费者的喜爱，“喝汇源果汁，走健康之路”的品牌口号已经深入人心。

案例介绍

一、可乐欲并购汇源，一石激起千层浪

2008 年 9 月 3 日，可口可乐宣布，计划以 179.2 亿港元收购中

国汇源果汁集团有限公司。该公司是香港上市公司，拥有汇源果汁在中国的业务。该交易已经得到汇源三大股东的首肯。共持有汇源果汁近66%股份的三大股东已对该交易作出不可撤回的承诺。这3位股东分别是汇源果汁母公司中国汇源果汁控股有限公司、达能集团和美国华平基金，它们在汇源果汁的持股比例分别为38.5%、21%和6.4%。

一石激起千层浪，这一消息的公布立刻引起了业内外人士的关注和议论。

许多网民在互联网上发表了自己的意见，大部分网民都持不满和抵制的态度。根据搜狐、新浪等网络调查显示，有80%以上的网民反对这项收购，有些网民甚至在网上留言称"宁肯喝白开水，也不会喝可乐版的汇源果汁"。尽管可口可乐声明会保留汇源品牌，但许多网民仍然为"汇源"的命运担忧，认为这只是外资"美丽的谎言"，又一个民族品牌即将消失。也有一些网民担心可口可乐并购汇源可能涉及行业垄断，甚至会危及到国家的经济安全，要求政府和相关部门进行严查。

与此同时，也有一部分人持支持并购的态度，认为"商业归商业，政治归政治"，在一个符合市场规律的经济体系里，优胜劣汰是一种必然趋势，可乐并购汇源是一次正常的并购行为。东方艾格的分析师陈静认为："并购对于整个行业而言是有利的。并购后出现的大企业很有希望成为行业的领头羊，给各个企业提供一个‘看齐’的标杆。行业规范、行业标准的制定也会有比较好的参照，而不会处于一种无序的状态。因为一种标准总是从企业标准慢慢上升到行业标准，再逐步上升为国家标准。从这个意义上说，龙头企业对行业和市场的健康发展起到了规范和促进的作用。”有学者指出：进入21世纪以来，企业并购的结果更多出现的是“双赢”的局面，我们应当把眼光放长远一些，看到产业未来的良性发展，而不要带着民族情绪去看待正常的经济并购。

面对此次并购事件，国内一些果汁企业公开反对汇源出售。牵手总经理侯亚利表示：“汇源作为国内饮料行业的知名品牌被可口可乐收购，我们对此感到震惊。从商业行为来看，只要其符合国家法律法规的有关规定，我们对此次收购行为表示理解，但也为民族品牌的成长表示忧虑。汇源作为一个民族品牌，其发展过程中得到各级、各地政府的大力扶持和广大消费者的支持呵护，一个优秀的民族品牌为外资收购，要考虑消费者的感情。”他还表态，牵手将一如既往地坚持走民族品牌之路。在可口可乐表示已就收购汇源一事向商务部递交材料后，和君创业方面也宣布，由其组织的包括牵手果汁在内的国内多家果汁企业将联名上书商务部，要求商务部就此项收购召开听证会。但由于各方面的压力，联名上书计划搁浅。和君创业再次高调发布致可口可乐的公开信，信中表示，可口可乐并购汇源，不仅事关反垄断审查，而且涉及国家经济安全审查。有业内人士认为，汇源被收购后一定会对国内其他果汁企业造成更多的打压，使得其他企业营销成本大为增加，到时竞争一定会更加激烈。

二、为何并购？双方各有所图

可口可乐为何愿意花接近3倍总资产的价格并购汇源，汇源董事长朱新礼为何会同意将汇源卖给可乐？在这次并购事件中，双方各有所图。

1. 可乐为何要并购汇源

可口可乐是全球知名的饮料品牌，但目前也面临着重大挑战。以可乐类为主的碳酸饮料含有大量糖分，过多摄入容易引起肥胖。此外，常饮碳酸饮料不利于人体骨骼的健康发育。消费者健康意识的增强，导致可口可乐在美国本土的销售增长率呈逐年下降趋势。有关数据表明，过去几年可口可乐在欧洲和美洲地区年销售增长率从 9%降到了 2%，在美国本土已下滑为 1.5%。在中国市场，可口可乐也遭到了冲击，以王老吉为代表的凉茶饮料，2007 年产销量在中国首次超过可口可乐。

为保住自身的市场地位，可口可乐必须调整产品结构。事实上，可口可乐在 1998 年就推出了其第一款非碳酸饮料，接下来又先后推出“岚风”、“阳光”、“茶研工坊”等一系列非碳酸饮料，但是这些苦心打造的产品都没有取得预想的成功，大都已经全面停产。2007 年，在可口可乐进入中国 80 周年的庆祝会议上，可口可乐太平洋集团副总裁包逸秋向外界透露了可口可乐在中国的进一步发展计划——“不排除通过收购兼并的方式快速发展在中国的市场占有份额，尤其是在非碳酸饮料市场”。可见，可口可乐早有并购的计划。

有数据显示，在美国超市所出售的饮料中，超过 2/3 是果汁饮料，其中 100%纯果汁因为营养丰富最受欢迎。而在中国，果蔬汁市场也在不断增长。据市场研究机构欧睿（Euromonitor）预期，中国果蔬汁市场将以 14.5%的复合年增长率持续增长至 2012 年的 191 亿升。可口可乐把目光投向果汁市场，收购中国最大的果汁饮料品牌汇源，似乎是一件自然而然的事情。汇源果汁在中国果汁市场占有 10.3%的份额，在所有果汁品牌中市场占有率排名第一。根据汇源果汁的公开文件，汇源果汁在全国拥有 20 多家生产基地；截至 2007 年年底，拥有 3 804 家经销商和 8 000 家分销商，共有 3 900 名销售代表。通过收购汇源，可口可乐将获得所有汇源果汁现有的客户和汇源果汁产品的生产厂，可以更快地进入中国的果汁市场，同时减少竞争对手。

其实，外资企业之所以用并购的方式来取代传统的合资方式，一个最直接的原因就在于这种方式能缩短建设周期，加快投资周转速度。有资料显示，并购企业一般只需 3—5 个月就可迅速形成规模，使外资得到更大的收益。

2. 汇源为何要卖给可乐

有业内专家指出，此次并购中，可口可乐报出的价格已经达到甚至超过了汇源对未来自己发展水平和前景的预期。不少民营企业都是在发展很好的阶段出售，以达到利益最大化。2008 年 9 月 6 日，朱新礼在召开媒体见面会时提出：“企业需要当儿子养，但是要当猪卖。搞企业，价钱好的时候你都不知道卖，你还叫企业吗?”

“与可口可乐的合作，正是给汇源一次机会，使我能够有机会调动 500 亿元的资源来做我最擅长的事业。”朱新礼在 2008 年 10 月底如此回应各界对“卖汇源”的质疑，而他所指的“最擅长的事业”就是果汁饮料的上游。“汇源从果园基地起家，16 年来一直坚持对于产业链上游的持续投入；在把上市公司的果汁饮料及罐装业务出让给可口可乐后，汇源将把更多的精力和财力放到果汁产业上游。”

根据朱新礼的分析，中国果汁行业的竞争已经升级，竞争的焦点正由下游生产环节向上游原料供应环节转移。对于源头的控制能力，是企业在竞争中胜出的关键要素。朱新礼表示，未来汇源将更专注在上游的投入，着眼于产业链源头的扩张，对源头资源进行整合。借助可口可乐这一全球品牌的市场渠道，汇源能以更快的速度打入国际市场。朱新礼说：“借船出海，将为汇源节省至少 10 年的发展时间。”通过并购，汇源与可口可乐商定“就果汁原料的采购与配送方面进行合作，着力于实现借助可口可乐的全球物流配送体系，扩大果汁原料、成品果汁的生产规模和覆盖地域，全面融入全球饮料市场的战略目标”。目前，汇源已经借助可口可乐的采购系统，向亚洲与欧洲部分国家输出果汁原料；同时，在赢得采购检测认可之后，可口可乐也决定把该公司旗下的果粒橙产品的果肉采购，从巴西转移至中国内地的汇源基地。

把汇源卖给可乐，对于朱新礼而言，将获得可观的投资收益，回笼充足的资金，而他所热衷的“果汁产业上游”业务也因此可以得到更快的发展。

三、并购案有关部门未审批

商务部2009年3月18日表示，可口可乐并购汇源未通过反垄断审查。这是《中华人民共和国反垄断法》（以下简称《反垄断法》）出台后，商务部第一次对跨国公司并购国内品牌企业亮出红牌。原因主要有：第一，如果收购成功，可口可乐有能力把其在碳酸饮料行业的支配地位传导到果汁行业。第二，如果收购成功，可口可乐对果汁市场的控制力会明显增强，使其他企业没有能力再进入这个市场。第三，如果收购成功，会挤压国内中小企业的生存空间，抑制国内其他企业参与果汁市场的竞争。

案例评析

在这一个看上去“双赢”的并购案背后，汇源品牌正遭受并购之伤。

一、汇源受伤在哪儿

根据林升梁提出的整合品牌传播“卫星/火箭理论”的共时分析模型（见图2-1），整合品牌传播的共时性空间轴可以用火箭/卫星的结构来参照。[①] 火箭主要包括控制系统、动力系统和结构系统三大系

① 林升梁．整合品牌传播学［M］．厦门：厦门大学出版社，2008.

统。控制系统是火箭的大脑和神经中枢。火箭发射后的一系列动作，都依靠控制系统完成。控制系统相当于整合品牌传播理念层面，它包含企业价值观、企业精神、企业愿景、企业使命、企业经营哲学、企业员工培训等要素。

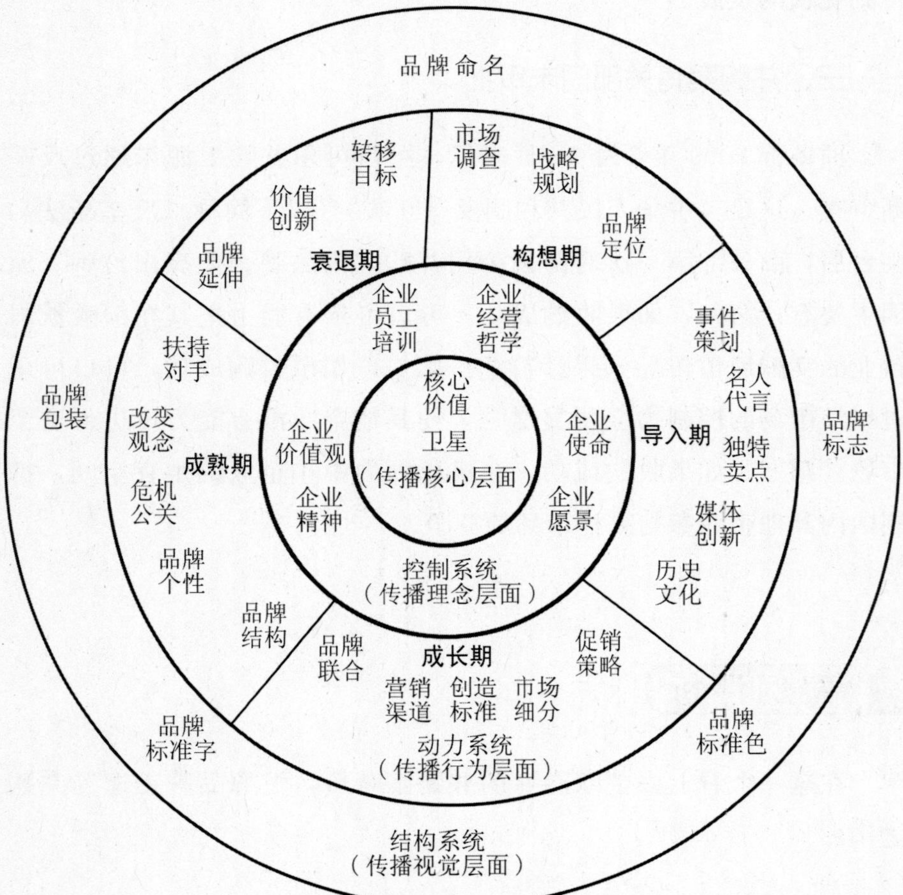

图 2-1 整合品牌传播“卫星/火箭理论”模型共时分析

可见，企业愿景、企业使命等企业层面的要素对于一种品牌来说，是相当重要的。而当并购发生的时候，汇源的企业愿景和企业使命都将发生动摇或改变。汇源原本的企业愿景是“争做果蔬饮料行业领跑者”，企业使命是“营养大众、惠及三农”，现在这一愿景还能否实现，企业使命是否还要坚持，这一切都要听从可口可乐的安排了。

总之，2008年的并购事件，已经让汇源品牌切切实实地“受伤”了。

1. 汇源公司被并购后，汇源品牌从人们视野中消失的可能性增大了

汇源品牌是否真的能一路走好？这个问题还需时间来回答。但是之前已经有不少案例表明，民族品牌被外资并购后，丧失了主动权和经营权，最终导致民族品牌消失。外资的恶意并购主要有以下几方面：

（1）在并购完成后，终止了民族企业的运营，从而消灭了竞争对手，获取更多国内市场份额；

（2）把并购企业转变为下属加工企业，使中国企业丧失了知识产权和核心技术；

（3）并购本土企业后，外资争取企业的控股权，对本土品牌减少投入，制定不利于本土品牌发展的策略，使本土品牌逐渐老化；

（4）外资买断本土品牌使用权，将本土品牌雪藏。

从20世纪90年代至今，不少民族品牌在被外资收购后已被人们遗忘，比如，1994年，宝洁公司买断熊猫洗衣粉50年品牌使用权，此后，熊猫洗衣粉销售量迅速下降；1996年，沙市日化与德国美洁时公司合资后，双方规定合资公司洗衣粉产量的50%使用活力28品牌，但该承诺并未兑现，活力28这个知名品牌渐渐消失；2000年，乐百氏被达能公司收购，现在乐百氏品牌已经基本退出市场；2003年，法国欧莱雅收购小护士，如今，小护士品牌在市场上也几乎已经销声匿迹了。我们不禁要担忧：这些民族品牌的悲剧是否会在汇源身上重演呢？

2. 国人的民族情结可能使汇源品牌美誉度下降

品牌美誉度是品牌力的组成部分之一，它是市场中人们对某一品牌的好感和信任程度，是现代企业形象塑造的重要组成部分。美誉度反映的是消费者在综合自己的使用经验和所接触到的多种品牌信息后对品牌价值认定的程度，它不能靠广告宣传来实现。美誉度往往是消费者的心理感受，是形成消费者忠诚度的重要因素。消费者购买的是具有情感寄托的产品，他们对于品牌产品都是具有话语权的，当消费者对品牌的情感受到伤害时，他对品牌的好感和信任程度自然会下降，也就是说，品牌的美誉度会下降。

可口可乐并购汇源事件引起了数十万网民的讨论，可见大众消费者对于汇源这一品牌高度关注和重视，因为汇源不仅仅是一个饮料品牌，更重要的是，它是一个民族品牌。国人对于此次并购事件的抵触情绪之大，也许连汇源的董事长朱新礼都未能完全估计到。多年支持、关爱汇源的消费者认为，丢失一家具有浓厚民族感情的品牌企业，给国家和消费者都会带来无形的伤害。一个小品牌成长为大品牌，其核心价值来自于忠诚消费者的支持。汇源品牌今天的价值是与中国消费者密不可分的，中国消费者期望汇源能成为中国民族品牌的代表，然而这次的并购事件让他们失望了，汇源品牌的美誉度必然会因此受到影响。

二、汇源为什么会“受伤”

汇源“受伤”的原因主要有以下几点。

1. 发展中遇到资金问题

朱新礼在接受媒体采访时曾提到，汇源在资金运用上碰到了很大困难，特别是做大了以后，遇到困难也没有中国企业接盘的情况下，最后接受了可口可乐的出价。当初片面追求规模而急需解决资金链问题，汇源早已向“其他资本”——达能、美国华平基金、荷兰发展银行出售了超过50%的股权。这次的并购，“其他资本”也扮演了幕后推手的角色。“其他资本”作为外来投资者，关心资本的回报更大于关心企业。在2008年全球经济遭遇“寒冬”的时候，可口可乐愿意给出高于市场3倍的收购价钱，无论是达能，还是华平基金、荷兰银行都不会拒绝并购。

资金问题是中国民营企业发展到一定程度后普遍遇到的困难，具体来说就是贷款难、融资难的问题。2008年11月初，蒙牛也陷入收购危局，牛根生称“股价暴跌，导致抵押给摩根斯坦利的蒙牛股份大为缩水，境外一些资本大鳄蠢蠢欲动，蒙牛到了最危险的时候！”而当初抵押的原因，是由于信贷紧缩所致。可见，解决民营企业贷款难、融资难的问题十分紧要，如今这个问题已经引起了中央的关注。在企业的发展中，遇到资金紧张的情况，引进外资是一种解决的办法，但也必须防止长远隐患。在2007年娃哈哈一达能的并购风波中，宗庆后也承认“当时对潜在危机的认识还很不够”。1996年，急于合资的娃哈哈与达能达成商标转让协议，中方要使用娃哈哈商标，必须经过合资公司董事会通过。后来达能占到了合资公司51%的股份，也就是说，娃哈哈的非合资公司要使用娃哈哈的商标，须经达能同意，这为日后出现的并购风波埋下了导火索。

资本力量薄弱是我国民营企业普遍的短板，即使是像汇源这样的大企业，资本运营还是没有形成一种良性循环。在2008年世界经济危机的大环境中，汇源的并购之伤既出人意料，又在情理之中。

2. 企业家民族责任感的缺失

朱新礼提出“企业需要当儿子养，但是要当猪卖”，“品牌是无国界的”。作为汇源这一著名企业的经营者，我们不得不承认他是一位精明的生意人，但同时也质疑他的民族责任感。

美国著名营销学大师艾·里斯认为，“任何一个全球品牌都有两个特性：一个是它遍布全球的销售，另一个则是它一定产自某特定的国家”。艾·里斯在《中国品牌的全球潜力》一文中指出，“目前，中国品牌少有鲜明而正面的认知，是因为它们很少做到全球化的营销。换句话说，强而正面的国家认知是由品牌带动的，而非国家创造”。可见，一个国家、一个民族的强大，品牌价值的影响力起到决定性的推动作用。品牌不仅有国界，而且代表一个国家的核心竞争力、民族凝聚力和国家利益。有关调查显示，中国拥有自主知识产权的企业仅占全国企业总数的不到万分之三，出口企业中拥有自主商标的不到20%，拥有自主品牌的出口产品占出口总额的比重不足10%，90%靠贴牌出口。2005 年 6 月，商务部等七部委联合发布《关于扶持出口名牌发展的指导意见》，提出要培育出一批具有国际影响的自主知名品牌。如果把企业或品牌当猪对待，养肥了就卖掉，那么，我国的自主品牌战略就不可能实现，我国只能成为“世界加工厂”。

汇源被并购后，即使能获得很好的发展，也已经不再是中国的品牌，而是属于美国的可口可乐公司了。2006 年，比利时的英博啤酒集团收购福建的雪津啤酒后，雪津也取得了较为快速的成长，产销量跃上了一个新台阶。但是我们不得不意识到，雪津已经不再是我国的自主品牌，而外资通过并购，从我国赚取了丰厚的利润。对中国这样的发展中国家来说，创立自己的品牌非常不容易，企业家应当具有民族责任感，企业不应该忘记自身品牌的使命，只追求眼前利益而放弃了品牌的长久增长价值。

三、并购对饮料行业有何影响

可口可乐并购汇源，将会对中国的饮料行业造成较大影响。

1. 饮料行业将逐渐形成垄断格局

有关专家指出，外资并购存在着明显的消极因素和潜在的隐忧。外资大量并购，会使外资企业市场占有率提高，进而导致行业垄断，甚至影响到国家的经济和产业安全；外资并购也会因股权转移而失控。如一些欧美跨国公司在华并购，不但条件苛刻，而且表现出整体并购、全行业通吃的战略意图，使该行业的产业安全亮起红灯。可口可乐通过并购汇源这一国内著名果汁饮料品牌，首先可以增强自身实力，拓展营销网络，能够更快更好地融入本土市场；其次将汇源这一强劲的竞争对手消弭于无形；最后使国内果汁行业的竞争更为激烈，国内其他果汁饮料企业可能因此受到严重打击。

可口可乐通过并购，将使果汁饮料市场的天平向其倾斜，优质资源就会不断向可口可乐一方集中。如果其他外资集团也加入并购之战，最终，外资集团将全面垄断中国饮料市场。外资垄断局面的形成，意味着本土企业的生存空间被大幅压缩，市场机会愈加渺茫。外资挤压民族企业、垄断整个行业的目的，就是提高产品的销售价格，压低原材料价格，从而获得丰厚的垄断利润。上海饮料行业协会秘书长刘玉兰表示，现在国内饮料行业中拥有纯中国血统的饮料品牌已经所剩无几，一个个民族品牌在遭遇外资吞并后渐渐销声匿迹，而外资则趁机赚取巨额垄断利润。她无奈地表示，“国外品牌一统天下后，国内市场的产品价格、品种等话语权都将操控在外资的手中”。的确，借助垄断地位的形成，外资将会把饮料市场的话语权、行业标准制定的主导权收入囊中，以抬高市场准入门槛来实现市场份额的独占，以集团间利益的分配来实现其对中国饮料市场的共管。

2. 本土饮料品牌的成长之路可能就此中断

品牌是企业无形资产的依托，是企业核心竞争力的外化，是企业形象与文化软实力的展现。打造自有核心品牌，不但是本土饮料品牌实现增值的首要途径，同时也是民族饮料行业迈向成熟的标志。改革开放以来，我国一大批优秀的本土饮料品牌在激烈的市场竞争中不断成长起来，但外资来势凶猛的并购浪潮很可能使本土饮料品牌的成长之路就此中断。对于外资而言，本土知名的饮料品牌，既是其分割中国市场利益的绊脚石，又是其全面进军中国市场的最佳跳板。可口可乐并购掉的将不只是一个汇源，还有汇源背后经营多年的产业链，包括果林、果农、果商、政府林业及其他部门、物流、销售网络、几十万家的国内外客户等资源。这个产业链的价值是巨大的。通过对汇源品牌的营销渠道、客户资源的整合，可口可乐可以迅速实现本地化经营，从而进一步挤压其他尚未被并购的本土饮料品牌的生存空间。自可口可乐和百事可乐进入中国以后，国内本土碳酸饮料品牌已经基本销声匿迹。

四、本土饮料品牌如何应对外资并购浪潮

显然，汇源的并购之伤，将蔓延到国内其他的本土饮料品牌。面对外资并购的浪潮，我们应该如何应对？根据前文对汇源“受伤”原因的分析，我们参考林升梁、卢德华、关岑合写的《中国广告业的战国时代：资本并购的合纵连横》一文可以找到如下一些应对之道。

1. 帮助本土企业解决资金问题

从企业与资本市场的关系来看，银行体系对本土饮料业扶持力度的不足、资本市场配套服务措施的相对不完善、开拓民间融资渠道可能遇到的政策壁垒，都导致了我国本土饮料业普遍存在借贷难、入市难、融资难的“三难”现象。

那么如何改变这种情况呢？首先，政府要加大对本土饮料行业的资金扶持力度。近年来，随着人们生活观念的改变和生活水平的提高，我国饮料市场的发展非常迅速，市场容量不断扩大，饮料市场显示出前所未有的发展潜力，政府应当重视这块市场，加大资金扶持力度，支持本土饮料业的发展。其次，银行体系要为那些有成长潜力的中国本土饮料企业提供借贷上的便利，资本市场要为有实力的本土企业敞开方便之门。最后，适当放开民间资本市场的政策限制，使本土中小型饮料企业的融资渠道更加多元化，这不但可以较为有效地解决本土企业融资难的问题，也可以减轻我国金融体系的压力。

2. 增强民族责任感，重视自身品牌建设

外资在华并购之所以能屡屡得手的一项重要原因，就是本土企业家缺乏民族责任感，只重视并购之后的短期经济利益，轻视自身

品牌建设。品牌并非无国界，当一种品牌在发展、壮大时，它就肩负起了代表民族品牌的使命。目前，在饮料行业，中国已经有一批民族品牌正在崛起，但许多企业还不具备长远的市场战略和参与全球竞争的能力，导致被外资并购。

针对这一问题，主要有以下几方面对策。

（1）本土企业家应当增强民族责任感，政府要积极引导，企业要努力反思，在短期利益和长期发展之间找到平衡点，为培植值得国人信任的民族品牌乃至世界级的品牌而努力。

（2）本土饮料企业要学习外资企业战略性的全局思维和长远的品牌建设策略，熟悉资本运作的特点，充分利用资本市场，把企业做强做大。

（3）大型本土饮料企业应当积极通过兼并、重组等方式，形成实力雄厚的集团，使企业快速壮大，以便更好地应对激烈的市场竞争。

3. 政府要完善有关并购的政策措施

长期以来，相关行政立法的缺失、外资监管力度的薄弱、政策执行的疏漏、以吸引外资的多寡作为政绩考核指标的陈旧观念，都使得本土饮料企业在面对外资大举入侵时处于劣势地位。

要想保住民族品牌，就要创造适合民族品牌生长的土壤。政府应当在三方面做好工作。

（1）出台规范外资并购活动的政策措施，将外资并购限制在合理的范围之内，使并购服务于我国饮料行业的良性发展。2008 年 8 月 1 日，中国开始实施《反垄断法》，相信一定会在保护良好的竞争环境方面发挥重要作用，避免某些外资企业滥用影响力，损害消费者的利益。

（2）对并购活动进行有效的监管，防止外资可能利用我国法律和政策漏洞进行“黑箱操作”。

（3）严把执行关，相关并购政策出台后，要落到实处，真正做到维护市场经济运行机制，捍卫国家利益、社会公共利益和消费者的利益。

只要本土饮料企业加强自身品牌建设，企业家增强民族责任感，把眼光放长远一些，再加上政府以及相关部门在政策上、财力上的支持，我国的本土饮料品牌一定能更快、更好地成长起来，而不会让整个饮料市场被外资垄断。

（汪凌瑜）

Twelve Wounded Brands
in the Olympic Year of 2008

第三章

五谷道场：沉浮三年间

品牌背景

一、方便面一路走来

从1958年日籍台湾人安藤百福于大阪市发明方便面，到1968年方便面进入中国台湾，成为中国台湾的畅销产品，再到日清公司发明了碗面，形成现在中国国内标准的方便面形式。20世纪80年代初方便面开始进入物质生活还不丰富的中国大陆，几年内就因方便与美味深受中国消费者欢迎，迅速风靡大江南北，孕育出了一个近百亿元的大市场。

这几年来方便面在中国大陆市场扩张极为迅速，康师傅、统一、福满多、好劲道、华龙、白象、中旺等诸多品牌在市场上鏖战。随着市场竞争的日趋激烈，方便面的营销也波澜壮阔，逐渐推到了一个个新的高度。从产品线开拓的角度来说，从最初的单一口味到现在的几十种口味供你挑选，包装大小由联包、大包、杯面等不一而足，随便一家超市总有一区货架上摆满了各种各样的方便面，琳琅满目，蔚为壮观。

二、市场催生五谷道场

伴随着方便面市场的逐渐扩大，“常吃方便面有害健康”的言论一直没有停止过，甚至成为方便面行业一个敏感而无法规避的话题。随着中国国民消费水平的不断提高，这个话题甚至成为改变市场格局的重要因素。

想要了解这个话题，就得从方便面的工艺说起。方便面是怎么做出来的？方便面的原理是将棕榈油掺入已煮熟与调味的面条中，棕榈油的主要成分是饱和脂肪酸，在室温下为固态硬化，所以可以将面条硬化，樱花面条被压制成块状，食用前以热水冲泡，热水溶解棕榈油，就将面条加热泡软了，数分钟内便可食用。饱和脂肪酸的特性是不容易氧化，但是对人的健康不利。因为油脂最终经过氧化后变成氧化脂质积存于血体内，会引起动脉硬化，易导致脑溢血、心脏病等疾病，这是方便面被人诟病的主要原因。

随着健康消费观念的逐渐普及，方便面健康问题成了影响方便面市场的重要因素。一些厂家将目光盯在“健康方便面”上，试图以此进行市场差异化，借此突破市场同质化的困局，五谷道场就是其中最为突出的一种品牌。

三、“非油炸”抢滩大“面”场

2005 年，在硝烟四起的方便面市场中演绎了一场标新立异的争夺战——五谷道场的非油炸面在短短几个月时间内在消费者心中留下美好的印象。而这样的成果主要归功于五谷道场为消费者标立的旗帜：非油炸健康型方便面。

五谷道场是众多方便面品牌中率先提出“非油炸方便面”概念、以差异化战略迅速吸引观众眼球，引起轰动。从字眼上看，只不过在前面多了一个“非”字，但这可是对在国内盛行 20 多年的油炸型方便面的一种颠覆。从营销理论分析，这是五谷道场所属的中旺集团在方便面市场中寻求到一片“蓝海地带”，是对竞争者的一种市场区隔。

北京五谷道场食品技术开发有限公司常务副总经理任立在解释“五谷道场”命名来源时说：“康师傅在国内就是方便面的代名词，我们决定用‘五谷道场’名称的一项主要原因也是脱离和突破康师傅等老品牌与方便面之间的等号关系。”

想当初，由于可口可乐和百事可乐在可乐市场的“垄断”，七喜汽水面临尴尬的处境，这时七喜采用逆向思维，把自己定位为非可乐碳酸汽水，与可口可乐和百事可乐分庭抗礼，获得极大的成功，成为碳酸饮料市场上第三大品牌。

对于方便面行业，除了康师傅所区隔出的城市高档市场，还有部分外资或国内厂家以价位作区隔，战略上以区域或农村市场做主攻目标，打出自己的品牌，抢占了相当份额。如华丰、幸运、龙丰、华龙等和一些地方性品牌，其中有些品牌至今仍占有农村市场的主要份额。

按传统做法去颠覆康师傅、统一等大牌企业的地位简直不可想象，唯有对市场进行区隔，建立一处空间，使自己是成为领先起跑行列中的一名才有可能。于是，2005 年 10 月，五谷道场开始在方便面业内刮起了一场“小字辈”挑战“老江湖”的市场区隔战。

2005 年 11 月，五谷道场在央视发布广告，开启轰炸全国市场的战局。电视广告中，品牌代言人陈宝国一身《大宅门》里的白七爷装扮，将仆人端上来的一碗油炸方便面一掌掴开：“我不吃油炸方便面！”随后拿起五谷道场的方便面说道：“这才是非油炸的健康方便面！”画面最后定格在“拒绝油炸、还我健康”这样的字眼上。

这则广告一改以往那些花花绿绿宣传口味的方便面广告，直接将诉求定位到健康上，指出油炸方便面不利于健康，只有非油炸才是健康的。这对中国消费者来说是很新鲜的，洞察了广告消费者对食品安全的隐虑，抓住消费者的心智，一下子在熙熙攘攘的方便面

广告中脱颖而出。在食品安全高度被关注的今天，健康无疑是市场上的一把利器。“拒绝油炸，留住健康”广告在央视一套打出，一下炸响了油炸方便面市场，五谷道场知名度大增，成为2006年食品行业的一匹的黑马。2006年，五谷道场实现销售收入15亿元，用极短的时间便做到了全国第六的位置，中旺集团也因此荣登第五届中国成长企业百强榜首。

四、品牌内涵彰显智慧

五谷道场打出“五谷为养、修身之道”、“道法自然、返璞归真”的核心价值主张，以非油炸的生产工艺和五谷杂粮为载体，在满足人们日益加快的生活节奏和方便快捷需要的同时，更满足人们对营养、健康、和谐的需要和追求，并积极倡导一种“道法自然、返璞归真”的饮食理念、生活理念和社会理念。

五谷道场非油炸的面饼、调味料和蔬菜包，造型独特、方便安全的包装和记录着中国传统面食文化的袖珍宣传页都是有形产品，是五谷道场这种品牌所依托的载体，同时也标明其品牌属性是非油炸健康速食面。

中旺把它命名为“五谷道场”，以其品牌核心价值为中心为它设计了自然、和谐、健康的品牌标识，并将其在商标局进行了注册，进行以品牌识别系统为标识和区隔，让五谷道场从无数的方便食品品牌中清晰地区隔出来。

五谷道场一上市就大受欢迎，消费者不但认可“非油炸，更健康”的观念，对产品口感、口味、美观的包装也很喜欢，更对包装里的袖珍宣传页上所记述的中国传统面食文化同中国儒道精魂产生了联想和共鸣。至于五谷道场形象代言人陈宝国的演绎，更是让人们记忆深刻。当提及“五谷道场”这一名字的时候，五谷道场能给人以清晰的品牌印象。

案例介绍

好景不长，随着时间的推移，一系列的问题逐渐在五谷道场的身上出现，并迅速使其陷入内外交困的境地，一种咤叱风云的新锐品牌仅一年多时间就陷入颓局。这还得从五谷道场的发迹说起。

一、在分分和和中起家

1999 年 9 月 9 日，自称以“13 个农民、180 万元和一条 3 万包方便面小生产线”起家的王中旺，以自己的名字注册成立中旺集团公司。2003 年 12 月，康师傅注资 3 亿元人民币和中旺集团联合成立“河北三太子实业有限公司”（以下简称“三太子”），中旺集团与康师傅各占 50%股权，合作经营三太子牌油炸方便面。

当时方便面行业内有“一龙（华龙）二象（白象）三太子”的说法，主攻农村市场的“三太子”在中原地区业绩不错。此后双方因经营理念不合分手。2005 年初传出消息，中旺集团在合资公司三太子中所持股份由原来的 50%增持至 80%，康师傅则减持至 20%。作为增持 30%股份的代价，中旺集团将原用的一碗香商标及合资公司的 6 个分厂转让给康师傅，转让价格近 3 亿元。

借助三太子，中旺集团积累了运作五谷道场的资本。2004 年，中旺集团北京五谷道场食品技术开发有限公司注册成立，并于 2005 年正式运作。

二、首战告捷 名声四起

中旺集团董事长王中旺请来曾在华龙任职的任立担任公司副总裁，推出“非油炸更健康”理念，迅速打响五谷道场。起步阶段，公司投入巨资在央视及各大知名媒体宣传这一差异化战略，仅一年就劈出 15 亿元的市场，令同行称奇。

2005年初，五谷道场品牌面世；2005年3月，投资1.6亿元的北京房山琉璃河生产基地奠基开工；同年10月，五谷道场正式上市，其以黑色为基色的包装在一堆红色方便面中显得高贵大气。

随后，由陈宝国担任形象代言人的五谷道场广告出现在央视新闻联播和天气预报之间的黄金时段，连续播放了3个月。五谷道场内部人士称，那时几乎每天要往央视砸进100万元，而整个广告费投入号称1.7亿元。

2005年11月底，五谷道场在王中旺选定的12个中心城市集中上市；2006年2月起，铺开全国市场；同年4—5月完成全国市场布局，五谷道场呈现一片旺销势头；2005年年底至2006年，有七八条生产线同时开工。

这时的五谷道场对经销商和员工都显得慷慨大气。2005年，经销商卖一箱方便面只能赚0.30～1元，而五谷道场给经销商的分销、直销利润分别达到2～3元和5～6元，员工工资居行业中上水平；销售人员也从最初的十来人，发展到2006年5月的约2 000人。2006中国成长百强排名中，中旺集团以2 003.27%的成长速度获得冠军，五谷道场迅速成为一种明星品牌。

三、祸起断货 急进扩张

然而，五谷道场火暴的势头没能维持多久。其经营史上出现了两次大规模断货。第一次断货是在2006年3—4月份，由于前期广告效应，很多经销商找到区域经理要求代理五谷道场，仅北京基地难以供应全国。

这次断货膨胀了王中旺的雄心，他认为非油炸方便面市场容量巨大，便在北京基地继续增建生产线。据了解，2006年8月，五谷道场北京基地有4条生产线投产，其后增至6条。

2006年4月底，五谷道场资金压力初显，媒体资金被拖欠，供货也出现问题。公司方面解释为包装材料上出现问题。

2006 年 9—10 月，五谷道场出现第二次大规模断货。最初是向经销商供货不及时，由原来的款到 3 天发货，改到 7 天、10 天、半个月、1 个月发货，再后来便出现断货。据了解，此次断货原因是五谷道场没有能力支付调料、脱水蔬菜等上游供应商货款，后者拒绝继续供货。2006 年 12 月，北京房山基地甚至停产两周。

四、扩张过快 资不抵债

2006 年底，银行贷款到期，五谷道场开始拖欠供应商款项，但此时中旺集团仍继续冒进，采取与当地合作的办法，陆续建立了广东、江西、四川、吉林、陕西、湖北、山东 7 个生产基地。

2007 年上半年，在经历了方便面集体涨价风波后，市场又传出五谷道场资金链吃紧的消息。公开资料显示，从 2005 年年底到 2007 年年初，中旺投资集团将全部精力放在扩大规模上，从北京生产基地的投产，到吉林、江西、四川、广东等生产基地的先后竣工投产。由于扩张和延续的广告支出及研发新品等各种费用的集中使用，出现了供应商货款给付不及时，以及经销商无法正常发货、拖欠广告费和员工工资等。

2007 年，发誓增加到 48 条生产线、拿下方便面市场份额 60% 的五谷道场的命运急转直下，各大超市的五谷道场一夜之间无踪无影，衰落速度比成长时还要快。杀气腾腾冲入方便面市场的五谷道场苦苦挣扎，离大去之期不远矣。

2008 年 11 月 19 日被证实公司已破产重整。根据五谷道场向法院提供的数据，截至 2008 年 8 月 31 日，公司资产总额为 1 亿余元，但负债 6 亿余元。

中国法院网 11 月 20 日信息显示，“五谷道场因公司资产已不足以清偿全部债务，但是仍有一定的经营基础和经营能力……因此公司仍有继续发展的价值和必要性，故向房山法院申请进行破产重整”。

案例评析

毋庸置疑，五谷道场沦陷了。这匹来时劲爆去时喧嚣的“黑马”，从最初的闪亮登场到如今的崩盘关门，不过短短几年。从一开始的差异化战略打出“非油炸更健康”旗帜抢占市场，到后来迅速扩建、急剧扩张，再到最后面临着拖欠经销商货款、离职员工讨薪、资金链断裂，五谷道场方便面红得快黑得也快。那么，到底是什么原因让这种原本潜力无限的品牌在奥运之年走向幻灭呢？

究其原因，不难发现，五谷道场犯了企业运营的典型错误——战略调整缓慢、管理混乱、轻视人才、结构缺失……概括起来，导致其最后崩盘有以下几方面主要因素。

一、起点凶猛、后续无力导致品牌崩盘

五谷道场前期的销量大增一是依靠全国范围的广告轰炸来启动，二是抓住了消费者对“非油炸”的新鲜感作为卖点，而这两项都不足以长久支撑五谷道场的发展。

1. 新鲜卖点为基石

五谷道场刚上市时确实打了场漂亮仗。一开始，它就把矛头指向了油炸方便面，称其“可能含有致癌物丙烯酰胺”。一时间，舆论大哗，油炸巨头们大为不满，关于油炸与非油炸的争论不绝于耳。正当油炸食品致癌风波方起未平之机，五谷道场高调倡导“非油炸”概念，几乎一夜之间，陈宝国《大宅门》中白七爷扮相的广告充斥了主流电视和平面媒体，一句“拒绝油炸，留住健康”的广告语，一下子将五谷道场放在了可以与康师傅、统一等方便面行业“大佬”平起平坐、“搅局者”的座椅上。

为许多策划人所惊叹的案例就此诞生。一个简简单单的“非”字将原本铁板一块、座次分明的方便面市场生生劈成了两半。五谷

道场的异军突起被业内评价为“以弱搏强”的经典案例，名列2005年中国营销五十大经典策划。

无论是通过定位理论还是蓝海战略来分析，五谷道场的营销策划都是可圈可点的。方便面行业技术含量相对较低、进入门槛不高，且产品同质化比较严重，以传统的“拼广告”方式抢夺市场无疑是吃力不讨好。华龙推出今麦郎时，广告费用几乎占到当年整个行业的40%，可最后还是落得个“跟随者”的地位，统一、康师傅的市场主导地位并未受到动摇。也有企业想到过通过差异化来切割“蛋糕”，但不是差异在价格上，就是差异在目标消费群体上，或者说口味上。然而在五谷道场出手之后，发展了几十年的油炸方便面市场突然有了一个针锋相对的“非”字，那架势无疑像炸了锅一样，五谷道场的差异化算是赚足了眼球。

可以说，五谷道场兵不血刃地一头冲进了中国方便面市场的前四名。一种简简单单的概念通过公共话题下的事件行销，踩着统一、康师傅等油炸方便面“大佬”的肩膀，顺利上位。当年七喜的逆向思维也是一个“非”字，把自己定位为非可乐碳酸汽水，成功区隔开可口可乐和百事可乐的“可乐垄断”，成为碳酸饮料市场的第三名。两者异曲同工。

2. 基石不稳无后援

但是，五谷道场在“非”差异化战略成功的同时，也几乎得罪了整个方便面行业，将自己置身于一个血雨腥风的战场上。尽管消费者对宣传“健康非油炸”的五谷道场颇有好感，但过足了“非”字头概念瘾的五谷道场却没有及时将这种概念优势转化为渠道、品牌文化方面的核心竞争优势，而是依然纠缠在油炸、非油炸的区分上，最终变得有些“喋喋不休”。

五谷道场真正的失误在于，进入品牌导入期后，理应及时转型，为成长期作好充分准备，重点提升品牌美誉度。这时要淡化“油炸”、“非油炸”的喧嚣，及时进行成长期的阶段性转变，修补与同行之间、相关政府部门之间的关系，以免成为众矢之的。就连五谷道场内部人士后来也说：纠缠于健康问题的“非油炸”已经走入死胡同。

可以说，非油炸方便面只是方便面的一种品类，并不是油炸方便面的替代品。在日本市场上，非油炸方便面未能成为油炸方便面的替代品，这其中有技术壁垒、口感、消费习惯等方面的问题。撇开这些不谈，就像香烟一样，明知道吸烟有害健康，依然有人吸烟。对于油炸方便面，人们的消费心态也是如此。可以说，单单一种“健康”概念，对于方便面这种非理性、重口味、重方便的快速消费品来说，并不是一件长期有效的武器，仅靠这一点就想在市场争夺战中站稳脚跟，很难。

五谷道场是一个相当传统的名字，相对而言，“传统”的五谷道场利用非字诀，一下子站到了油炸方便面的对立面，确实可以吸引眼球，可是长久恋战，无疑会将本是共荣共生的油炸与非油炸方便面一齐拖向市场的深渊。“非油炸，更健康”的理念宣传经过口水战就变成了“油炸、非油炸都不健康”的消费者认知。

3. 从先驱到先烈

据了解，在五谷道场“非”字概念的冲击下，2008 年上半年方便面销售已经下挫了 60 亿元，整个行业的生态环境都为之一变。五谷道场就此陷入到一种尴尬的境地——自己赖以生存的行业环境正在被自己毁坏。实际上，细究起来，五谷道场根本就没有自己的品牌壁垒，只有一种“非油炸”的概念化的简单区隔。就资金、技术、渠道而言，统一、康师傅等要打造一种“非油炸”概念的新品牌是轻而易举的事。“可为而不为”，其中深意还需要多多揣摩。

被称为五谷道场创始人的五谷道场原常务副总裁任立曾经说过：“五谷道场的真正内涵，是五谷杂粮，健康、自然、原生态，而且蕴涵中国传统文化思想。”人是一个场，人食五谷杂粮，五谷顺道，道法自然，将五谷道场的品牌融入中国源远流长的传统文化中，是五谷道场安身立命之所在。因为就算是一种新品类，“非油炸”也不应该生硬地成为五谷道场的品牌核心价值。

作为营销概念，“非油炸”可以赚足眼球，但把它作为核心卖点，是支撑不起王中旺所期待的“大市场”的。如果继续纠缠于油炸食品的“丙稀酰胺”致癌问题，继续盲目地扩大生产线，等待五谷道场的将是从先驱到先烈的结局。

二、只计成功、不计成本引发资金链断裂

对五谷道场的沦陷，王中旺的解释是：“我们在产能、品牌上投入巨大，造成资金周转困难，五谷道场现在最缺的就是钱。”营销专家王利锋也认为：冒进扩张是导致其资金链断裂的主要原因。资金链吃紧、创始高管离职、核心生产基地被查封……五谷道场在 2008 这一年里经历的动荡是许多人此前无法想象的。王中旺最终不得不坦白，中旺的做法错误在于“中型企业在做大型企业的事情”。

1. 孤注一掷 冒进建基

一登场，五谷道场就对自己的前途信心满满，不久便声言要抢夺方便面市场 60％的份额。而实际上，中国的方便面生产线资源已经严重过剩，每家企业都面临着开工不足的问题。另外，在方便面的“故乡”日本，方便面行业早已作出了有效的区隔，但是即使经过了 30 多年的发展，非油炸方便面也仅仅占日本方便面 20％的市场份额。头脑发热的五谷道场哪里顾得上这些？过分高估了非油炸市场的五谷道场把全盘身家压在上面。2006 年，它几乎同时在 30 多个城市设立办事处，半年内员工数量一度扩展到 2 000 多人。这对一家新成立的公司来说，运营成本与管理难度都是难以想象的。

更令人费解的是，在企业资金出现危机时，五谷道场非但不收紧资金，反而愈发大手笔地建立生产基地。北京、广东、江西、山东、四川、陕西、湖北……全国一下子建立起 38 条生产线，投资接近 18 亿元。王中旺后来甚至放出豪言，要建立 48 条生产线！

生产基地的投资回报要几年后才能见到，需要占压大量资金，要求企业有雄厚的资金实力和通畅的融资渠道，这些，五谷道场并不具备。事实证明，五谷道场崩盘的直接原因就是因为投资产能多方占压资金造成的——对员工工资的占压导致大量员工流失、对经销商资金的占压导致渠道瘫痪、对流动资金的占压导致生产无法开展并屡屡断货等。资金短缺像是濒临绷断的弦，引爆五谷道场的“引信”已经吱吱作响，而中旺集团浑然不觉，仍然急兵突进。

2. 砸钱广告不量力而行

五谷道场“只计成功、不计成本”的思维模式导致入不敷出，销量拉大的同时，各种费用相应增长，尤其是在广告行销方面。王中旺深谙广告之道，所以不惜重金砸钱央视、频频亮相，但家底不厚的中旺集团却没有量力而行，过度将资金投在广告上，导致资金紧张，最后得到的是法院的传票。

从 2005 年 11 月开始，五谷道场的陈宝国广告在央视亮相，声名鹊起。2006 年，五谷道场在宣传推广上的花费超过 5 000 万元，这对原本家底就不厚的中旺集团来说已经是不小的开支。集团浪费现象很严重。在 2006 年世界杯期间，五谷道场花费 500 万元做广告，但促销的产品直到世界杯结束后才做出来。截至 2006 年 6 月，中旺集团在五谷道场项目上共投资 4.7 亿元，但只有 3 亿元的现金回流，五谷道场的现金流一再吃紧。

2006 年底，五谷道场与斐思态广告公司签订了媒介代理协议，约定斐思态广告公司于 2007 年 1 月在中央电视台所属的 1、2、6、8 频道发布五谷道场广告。双方约定广告费用为 349 万元左右，五谷道场如逾期付款，将支付滞纳金。此后，五谷道场的广告在央视各频道如期播出。但斐思态公司称五谷道场此后并未如期支付广告费，经多次催要未果后，公司只好起诉，要求五谷道场支付 349 万余元广告费及逾期付款滞纳金 350 万元。

央视内部一份资料显示，在 2005 年、2006 年、2007 年前 11 个月这三个时间段，五谷道场在央视的广告投放费用（刊例价格）分别是 478 万元、8 970 万元和 431 万元。2006 年远超前后两年，且覆盖了中央电视台所属的 1、2、3、5、6、8、10 套和新闻 8 个频道；2007 年则压减到央视 1、2、6、8 套 4 个频道。

企业想要扩大知名度打出招牌，做广告是必须的，但也要量力而行，否则，就会步当年“秦池”后尘，砸出“标王”却自掘坟墓。

3. 行业困顿但失道寡助

除中旺集团高速扩张建基以及大手笔的广告经费导致的资金紧张外，2008 年世界经济和整个方便面行业不景气也拖累了中旺集团。

实际上，自出道以来，五谷道场就在 99％的方便面企业都属于油炸类的行业背景下，因“拒绝油炸”而备受争议。这也使得行业内部稍有风吹草动，舆论的目光便会聚五谷道场于一身。2007 年以来，面对方便面生产的主要原材料面粉、棕榈油等大幅度持续的价格上扬，生产成本上升，中国方便面业迎来了一场严峻考验，原本压力巨大的中旺集团则备感寒冷。

为化解成本压力，各大方便面生产厂家推出的对策显然也是无奈之举，“减量不减价”的做法几乎囊括了所有的知名方便面品牌。在行业整体困顿的背景下，中旺投资集团难以避免、深陷其中。

2007 年 9 月，方便面行业涨声四起，而作为非油炸产品，五谷道场并没有受到棕榈油涨价的影响。因此，跟涨让五谷道场“师出无名”，最终落得个“失道寡助”的悲惨下场。“五谷道场原来有 7 种口味，其中低端的有 5 种，而且卖得不错，另外两种比较高价的基本就没卖动，而涨价的恰恰是价格高的，相当于提了 10 到 13 个百分点，而我们的产品最初就定在高位，现在再提价，就等于放弃了本来就不大的市场。”一位五谷道场内部人士说到。

又走错一步的中旺集团可以说已经陷入了举步维艰的境地，此时的中旺集团口碑直线下降，资金困缺、人心惶惶，失败在所难免。

三、管理无方、内部不和使得公司一盘散沙

虽然王中旺在业界素以挖人著称，可是在使用人才尤其是高级职业经理人方面并不成熟。客观地说，五谷道场的卖点营销十分精彩，从战略定位、产品规划到广告创意都颇有大将风范，这一切都与以任立为首的职业经理人的工作密不可分。如果后来整个运营体系不出问题的话，说不定前途一片光明，至少不会陷入危机。可作为投资者，个性专制独裁的王中旺没有摆正自己的位置，而是将自己投资的公司当作自家来对待，多次介入经理人的管理，因此与职业经理人产生摩擦，最后甚至将几位高管架空，将“开国功臣”任立，以及其他挖来的职业经理人边缘化，迫使他们离去。职业经理人的离去让公司彻底陷入王中旺一手操控的局面，营销策略被拦腰斩断，公司内部的动荡可想而知。

另外，由于公司一直以来资金短缺，表面风光处处建基，内部拖欠员工工资，使得人心不稳。本愿与公司共同进退的员工看到公司依然大手大脚的现状，人人心寒。2007 年 11 月，中旺集团全面爆发财务危机，此后经营状况持续恶化，但王中旺在当年 11 月的人民大学校庆时，居然大手笔捐赠 100 万元，很多员工看在眼里，说在心里。“如果这 100 万元用于公司自身建设，那么不论是员工的工资还是经销商的货款，这个市场肯定就会重新启动起来。但现在……”内忧外患的中旺集团没有顾及公司内部这个大本营，反而在艰难时刻还在打肿脸充胖子，这无疑让公司内部员工丧失了信心。

攘外必先安内，这样简单的道理中旺都没能做到，外强中干的五谷道场再也无法继续站立！

四、茫茫未来路，谁主沉浮？

兵败如山倒的五谷道场此刻正焦头烂额，破产重整的未来结局

将会如何？

五谷道场陷入资金困局后，曾传出统一、康师傅以及中粮等多家介入救场的消息，不过最后都没了下文。2008年3月，根据中旺集团方面的消息报道，中粮将收购五谷道场。当时的理由是："中粮小麦加工部旗下的中粮面业鹏泰公司本身就是五谷道场的最大债权人之一。"中旺集团包括旗下五谷道场的小麦面粉加工原料都是由中粮鹏泰方面提供。当时中旺集团内部人士也透露，王中旺已与中粮集团方面达成最终协议，王将全面退出中旺集团，中粮方面将全面接管该公司。然而直到今天也没有下文，五谷道场方面三缄其口，事情悬而未决。

点石宜成顾问机构咨询专家张满志撰文对五谷道场该如何把握这最后的时机以自救，提出以下几点见解。

（1）中旺集团的董事长王中旺要能认识自己，认识自己错在哪里、哪些该坚持、哪些该放弃、哪些该改进。具体工作上要尽快处理好债务问题，要敢于忍痛割爱，宁肯拍卖优质资产也要还上员工工资和供应商、经销商的欠款（员工的工资无论什么理由都是不能拖欠的）。

（2）非常迫切的问题是作好危机管理。在最困难的时候，不能破罐子破率，更不能"虱子多了不咬"，要尽快做好这方面的公关工作，并逐步建立起危机管理机制。另外，在做好危机公关的同时，要加强日常危机管理。

（3）做好基础管理工作，扩建等应符合市场规律。

东方艾格农业咨询公司高级分析师陈树韦认为，在现在的经济形势下，6亿元的负债并不是很大的数目，若五谷道场的重组方案正式获批，利用其现有的设备和品牌效应，完全可以重新上市。

正略均策品牌专家安士辉认为，更适合五谷道场的发展策略应该是：先农村后城市、先区域后全国、先低端后高端。因为每种品牌都有一定的发展过程，随着市场的逐步认知和自身实力的逐步增强，才能逐步占领市场。

新的一年，市场运行的不确定性明显加大。探讨五谷道场短暂的浮沉兴衰史，对于企业和品牌如何应对高速发展带来的市场风险，不失为生动的一课。

（许慧芳）

Twelve Wounded Brands
in the Olympic Year of 2008

第四章

三鹿：一个“支点”翘死一个行业

品牌背景

一、乳制品行业现状

在经济发展和消费增长的拉动下，我国乳制品行业进入快速发展的轨道。一批新型乳品企业在发展中逐渐壮大，走出一条有本土特色的名牌之路，如内蒙古伊利、蒙牛，上海光明，北京三元，河北石家庄三鹿，黑龙江完达山等乳业集团及其品牌的影响越来越大，逐渐成为全国性品牌。在我国乳制品行业品牌中，凭借规模化的市场占有率和充足的原奶供应这两大法宝，伊利、蒙牛、光明三家乳品龙头企业逐渐引导我国乳业市场，走向“三足”鼎立的局面。然而，随着中国加入 WTO，雀巢、达能等跨国公司的国际知名品牌也在调整战略和策略，以扩大其在中国的影响力，期望占领更加广大的市场份额。这使得我国乳制品市场的竞争日趋激烈，乳制品行业的“战国时代”已经到来。

另外，随着我国居民生活水平的不断提高（2004 年我国人均 GDP 首次超过 1 000 美元，预计近 5 年内年均增长率超过 8%），乳制品变成生活必需品。2004 年，我国城镇居民人均乳制品消费量为 25.3 千克，同比增长 1.2%。2003 年，我国城镇居民人均乳制品支出达 124.70 元，差不多是 2000 年的 2 倍，增长率惊人。见表 4-1。

表 4-1 1995—2003 年全国城镇居民人均乳制品消费支出

单位：元

年份	1995	1996	1997	1998	1999	2000	2001	2002	2003
金额	31.43	36.59	41.41	48.05	56.15	68.57	80.06	104.76	124.70

资料来源：国家统计局. 2004 年中国统计年鉴［M］. 北京：中国统计出版社，2005.

随着人民生活水平的逐渐提高，乳制品消费市场会不断扩大并趋于成熟，中国将成为世界上乳制品消费最大的潜在市场。

二、三鹿集团概况

三鹿集团位于河北省石家庄市，主要业务为奶牛饲养、乳品加工生产，主要经营产品为奶粉。其前身是 1956 年 2 月 16 日成立的“幸福乳业生产合作社”，在以往的发展中一度成为中国最大的奶粉制造商，其奶粉产销量连续 15 年居中国第一。三鹿集团是一家中外合资企业，其控股方是持股 56％的石家庄三鹿有限公司，合资方为新西兰恒天然集团，持股 43％。

1. 三鹿品牌溯源

鹿，善良智慧、机制灵动、矫健神勇、吉祥和美。另据《史记·淮阴侯列传》曰：“秦失其鹿，天下共逐之。”即得鹿者得天下。石家庄市东有束鹿，西有获鹿，南有巨鹿，石家庄位三鹿之中央，集三鹿之精华，取萨鲁之灵气。三鹿集团亦借三鹿之精灵而得名，并且赋予三鹿品牌新的寓意：逐鹿中原为一鹿，占领全国为二鹿，走向国际为三鹿。

2. 三鹿集团的发展历程

（1）合作社起家，奠定发展基础。1956 年 2 月，三鹿集团前身“幸福乳业生产合作社”成立。1964 年，合作社成功研制出“新石家庄”全脂甜奶粉，主要经济指标达到了部颁标准，填写了石家庄乳业空白。1968 年，企业在管理制度、人才机制、资本积累等方面发生了质的变化。1973 年，成功研制了完整的喷粉生产线，使奶粉生产量翻了一番，同时奶粉质量显著提高。同年，奶牛场更名为“石家庄牛奶厂”。1974 年，曾为企业创下了高额利润的新产品——麦乳精研制成功，企业实现了由饲养业为主向乳制品加工业为主的转变。

（2）产业化经营，实现飞跃。党的十一届三中全会以后，石家庄牛奶厂抢抓发展机遇，加大研发的发展力度。1980 年试制生产的强化麦乳精、颗粒麦乳精产品畅销全国 20 多个省份，“三鹿”成为全国关注的品牌。1983 年 6 月，轻工部召开母乳化奶粉专业会议，牛奶厂努力争取，成为母乳化奶粉的试点企业之一；同年 11 月，试验取得成功，并生产出合格产品，企业被列为轻工部“母乳化奶粉”定点生产企业。母乳化奶粉后来很快成为三鹿的支柱产品，它的试制成功为三鹿的事业发展奠定了基础。1984 年，牛奶厂经批准更名为“石家庄市乳业公司”。1986 年，以石家庄乳业公司为龙头的横向经济联合组织“石家庄冀中乳业联合总公司”成立，并逐步迈出了“奶牛下乡，牛奶进城”的第一步，三鹿开创的“奶牛＋农户”的饲养管理模式成为中国乳业的一场革命，也使三鹿的发展实现了第一次飞跃。

（3）实施资本运营，再次飞跃。1993 年，三鹿集团的核心管理层再次大胆创新，以品牌为旗帜，以资产为纽带实施资本运营，向集团化方向转变。1995 年，三鹿在同行业率先组建了企业集团；同年 4 月，三鹿在中央电视台 1 频道黄金时段播放广告，开创了中国乳品企业在中央电视台投放广告的先河，“三鹿奶粉，伴您一生”的广告语深入人心。1996 年，石家庄三鹿集团股份有限公司正式成立，股份公司按照《中华人民共和国公司法》的要求，形成了完善的法人治理结构。1999 年，第一个专职生产液体奶的石家庄三鹿乳品有限公司成立，标志着三鹿集团正式进军国内液体奶市场。2002 年，河南三鹿花花牛乳业有限公司成立，标志着三鹿集团的品牌战略又跨出了“挺进中原、辐射全国”的成功一步。

（4）强强联合，提升实力。在全球经济一体化的大潮下，国内乳品企业走出国门、参与国际竞争是发展的必然，三鹿集团与国际知名乳品制造商——新西兰恒天然集团经过长期谈判，于2005年12月1日签署了合资协议，恒天然集团注资8.64亿元人民币，认购了三鹿43%的股份，2006年6月15日，合资公司正式运营，标志着三鹿向着“瞄准国际领先水平、跻身世界先进行列”的目标迈出了关键性的一步。

案例介绍

一、何谓三聚氰胺

三聚氰胺（C3H6N6），又称蜜胺，在业界被称为“假蛋白”，常见于塑料化工原料，也可作为灭鼠药。其特点为氮原子很多。

实验表明，三聚氰胺的毒性较低，动物长期摄入三聚氰胺会造成生殖、泌尿系统的损害，膀胱、肾部结石，并可进一步诱发膀胱癌。经临床专家分析，婴幼儿在摄入含有高浓度三聚氰胺污染的奶粉后，可引起泌尿系统疾患。目前，患泌尿系统结石的婴幼儿，主要是食用了三聚氰胺浓度高达 2 563 毫克/千克的三鹿牌婴幼儿奶粉 3 至 6 个月后发病的。

食品工业检测中，采用“凯氏定氮法”推算蛋白质的含量，因凯氏定氮法的氮原子较多，而被非法添加进人类食品、宠物食品、家畜饲料中。因家畜与成人体积较大，肾功能完整，具有一定的新陈代谢能力，故未发生因三聚氰胺引起的群体事故。由三聚氰胺引发的群体事故，目前有 2007 年的宠物饲料与 2008 年的三鹿奶粉事件。

二、三鹿“奶粉门”事件

1. 总述

三鹿“奶粉门”事件，指在 2008 年中国大陆毒奶制品问题中，发现一批婴幼儿奶粉中含有化工原料三聚氰胺，导致食用该奶粉的婴儿患上肾结石，三鹿集团是第一家。其后此事件涉及厂家扩大，更多制造商的奶制品被检测出也含有三聚氰胺。根据中国官方公布的数字，截至 9 月 21 日，因使用婴幼儿奶粉而接受门诊治疗咨询且已康复的婴幼儿累计 39 965 人，正在住院的有 12 892 人，此前已治愈出院 1 579 人，死亡 4 人。事件引起各国的高度关注和对乳制品安全的担忧。质检总局公布对国内的乳制品厂家生产的婴幼儿奶粉的三聚氰胺检验报告后，事件迅速恶化，包括伊利、蒙牛、光明、圣元及雅士利在内的 22 个厂家 69 批次产品中都检出三聚氰胺。该事件重创中国制造商品信誉，多个国家禁止中国乳制品进口。9 月 24 日，质检总局表示，牛奶事件已得到控制，对 9 月 14 日以后生产的酸乳、巴氏杀菌乳、灭菌乳等主要品种的液态奶样本的三聚氰胺抽样检测中，均未检出三聚氰胺。

此外，雀巢、联合利华、新西兰乳企等一批跨国品牌均被检出含有三聚氰胺。其他含乳产品也卷入其中，卡夫、玛氏、吉百利、乐天、金帝等跨国企业也未能幸免。

2. 毒奶粉事件时间进程表

新华社报道，2008 年 6 月 28 日，位于兰州市的解放军第一医院收治了首例患肾结石病症的婴幼儿。据家长反映，孩子从出生起就一直食用石家庄三鹿集团所产的三鹿婴幼儿奶粉。

7 月中旬，甘肃省卫生厅接到医院婴儿泌尿结石病例报告后，随即展开了调查，并报告卫生部。随后短短两个多月，该医院收治的婴患人数迅速扩大到 14 名。

9 月 11 日，除甘肃省外，陕西、宁夏、湖南、湖北、山东、安徽、江西、江苏等地都有类似案例发生。

9 月 11 日，卫生部指出，近期甘肃等地报告多例婴幼儿泌尿系统结石病例，调查发现，患儿多有食用三鹿牌婴幼儿配方奶粉的历史。经相关部门调查，高度怀疑石家庄三鹿集团股份有限公司生产的三鹿牌婴幼儿配方奶粉受到三聚氰胺污染。

与此同时，石家庄三鹿集团股份有限公司发布产品召回声明称，经公司自检发现，2008 年 8 月 6 日前出厂的部分批次三鹿牌婴幼儿奶粉受到三聚氰胺的污染，市场上大约有 700 吨。为对消费者负责，该公司决定立即对该批次奶粉全部召回。

9 月 13 日，国务院启动国家安全事故 I 级（“I 级”为最高级：指特别重大食品安全事故）响应机制处置三鹿奶粉污染事件。对患病婴幼儿实行免费救治，所需费用由财政承担。有关部门对三鹿婴幼儿奶粉生产和奶牛养殖、原料奶收购、乳品加工等各环节开展检查。质检总局将负责会同有关部门对市场上所有婴幼儿奶粉进行全面检验检查。

9 月 13 日，卫生部党组书记高强在“三鹿牌婴幼儿配方奶粉”

重大安全事故情况发布会上指出，“三鹿牌婴幼儿配方奶粉”事故是一起重大的食品安全事故。三鹿部分批次奶粉中含有的三聚氰胺，是不法分子为增加原料奶或奶粉的蛋白含量而人为加入的。

9 月 13 日，卫生部确定受污奶粉可导致结石；警方传唤 78 名奶粉事件嫌疑人；三鹿承认 8 月份已发现问题。

9 月 14 日，三鹿停产整顿。

9 月 15 日，甘肃省政府新闻办召开新闻发布会称，甘谷、临洮两名婴幼儿死亡，确认与三鹿奶粉有关。

9 月 16 日，质检总局紧急在全国开展婴幼儿配方奶粉三聚氰胺专项检查，对全国 109 家婴幼儿奶粉生产企业进行排查，共检验了这些企业的 491 批次产品。专项检查显示，有 22 家企业 69 批次产品检出了含量不同的三聚氰胺，其中包括三鹿、伊利、蒙牛、圣元、雅士利等知名厂家。在检出三聚氰胺的产品中，石家庄三鹿牌婴幼儿配方奶粉三聚氰胺含量很高，其中最高的达 2 563mg/kg，其他在 0.09～619mg/kg 之间。

10 月 30 日，石家庄三鹿集团股份有限公司婴幼儿配方乳粉食品生产许可证被停止使用，其注销原因一栏写明“吊销”二字。质检总局表示，被注销的证书和食品生产许可证编号自公布之日起停止使用。

11 月 3 日，三鹿资产的出售方案已经基本敲定，两个已经落实的买家分别为三元和完达山。其中，三元将收购三鹿七家核心工厂，包括三鹿乳品一厂、二厂、三厂、六厂，以及三家位于河北唐山、山东和河南的工厂；而完达山则可能获得三鹿位于黑龙江的一家工厂。

三、三鹿的公关方案

2008 年 3 月中旬，三鹿接到消费者投诉，派人到消费者家中了解情况。根据反映的产品批次，请求地方有关部门对产品进行了检测，同时到国家有关部门检测，结果显示产品符合国家标准。

6月中旬后，病例增多，并且有住院治疗的。经过排查，三鹿集团在8月1日得出结论：不法奶农向鲜牛奶中掺入三聚氰胺，造成婴儿患肾结石。资料显示，三鹿此时已经与一家名为“涛澜通略国际广告有限公司”的广告公司进行了合作。对方成立了一个服务小组，为三鹿集团准备了相关的预案，并进行了一定的工作。小组提出了三鹿集团应当采取的措施，包括：

1. 安抚消费者

“尽一切可能安抚本次事件的所有消费者，满足他们的一切条件，力保本事件的当事人在两年内不再提及此事件。”有报道，对于早期消费“毒奶”的消费者，三鹿用四件产品进行了“封口”。

2. 与百度合作，拿到新闻话语权

“强烈建议在此事还未大肆曝光的特殊时期，尽快与百度签订300万元的框架协议，小网站的恶意报道均可被删除，如遇到国家权威机构通报或产生重大影响的负面新闻时，三鹿集团在上层协调政府部门公关，涛澜通略公关媒体将共同配合将负面影响大事化小、小事化了。”

3. 以攻为守

搜集行业竞品“肾结石”负面的消费者资料，以备不时之需。从而造成法不责众的局面，最终不了了之。

据称，在8月份，三鹿集团的大股东——新西兰的恒天然集团，得知“毒奶”事件之后，就要求三鹿召回产品，但被拒绝。9月份，要求9月11日，产品召回。

三鹿集团对毒奶粉事件的公关声明：

1. 没18元奶粉

9月1日，河南、江西、湖北多省出现三聚氰胺事件，三鹿公司相关负责人表示，患病婴儿都在食用价格在每500克18元左右的同一品牌奶粉，而2008年，由于原材料价格上涨等因素，三鹿公司的奶粉最低零售价为25元，2008年三鹿公司没有18元价位的奶粉。

三鹿公司慧幼系列的奶粉已经于 2008 年 7 月底停止生产。

2. 还没有证据

9 月 8 日，针对甘肃地区出现的因食用三鹿奶粉而出现中毒症状的案例，三鹿集团传媒部相关人员接受记者采访时说，三鹿集团是国内最大的奶粉生产企业，公司的产品经国家有关部门检测，均符合国家标准，目前尚没有证据表明食用奶粉与患肾结石有必然联系。

3. 医生不能确定

9 月 10 日，南京出现大量三聚氰胺中毒案例，三鹿传媒部表示：“我们跟医生也沟通过，医院并没有诊断这些小患者得病是因为服用了我们的奶粉。小孩子生病是有多种原因的，比如喂养方式等，不能就此确定是因为吃了我们的奶粉造成的。南京市区每个月的销售量都很大，但儿童医院收治的这几名孩子中，没有一名是市区的，都是农村来的。”

案例评析

一、暴露的问题

1. 质量问题葬送三鹿江山

在激烈的市场竞争中，产品质量是企业生存的关键，是企业的生命线，是市场竞争的法则。

质量对产品和服务的效能具有重要影响。因此，它与顾客价值和满意密切相关。从狭义上说，质量可以被定义为“无瑕疵”。在市场经济下，企业往往根据顾客满意来衡量质量。为杜绝产品的质量问题，很多企业采用全面质量管理系统，与国际质量管理模式接轨，建立独立于生产管理的质量保证体系，加强对产品实现过程的质量检查和质量监督。

然而，三鹿集团只是采用了全面质量管理的表面形式，却并没有采纳其实质内容，仅仅把全面质量管理看做是解决企业问题的灵丹妙药，这足以解释，为什么三鹿集团通过了 ISO 9001 质量管理、ISO 环境管理以及 HACCP 食品安全管理体系认证和 GMP 审核，却依旧会爆发“三聚氰胺门”事件，引发行业地震！三鹿集团单单注重质量管理的一些表面的定义、原理，忽视了对产品质量本身的管理和监督，更忽视了顾客价值和满意度，这才是根源。一流的品牌必须以一流的质量作保证，没有质量支撑的品牌终究是“水中花、镜中月”。

三鹿的质量问题由来已久。早在 2004 年阜阳毒奶粉大头娃娃事件中，三鹿就上了黑名单，但三鹿集团利用“行业潜规则”对此实施了严密的公关计划，使得三鹿集团逃过一劫。质量问题的发生必然有其产生的原因，劫后余生的三鹿集团并没有对产生的质量问题进行原因剖析，没有找出问题产生的根源，更没有研究制定质量问题的解决方法和预防措施。质量问题慢慢堆积，最终集结成大的质量事故，引发了 2008 年的“三聚氰胺门”事件。

2. 商业伦理缺失

商业伦理道德的底线是诚信经营、承担社会责任。在商业活动中，人们通常根据自己的经济利益采取行动，但是伦理的商业关系应该建立在公平、公正和相互信赖的基础上，买方和卖方能够做到相互信任。如果信任机制遭到破坏，合作就难以进行下去，缺乏规则和执行力薄弱的规则为不道德行为创造了机会，甚至鼓励了不道德行为的发生。

诺贝尔经济学奖获得者——印度经济学家阿玛蒂亚·森说过这样一句话：任何人的行为都是在一定的伦理背景下进行的。中国的商业化开始于商业伦理短缺的时代，经过几十年的发展，人们的自律意识渐渐缺失，人们在评论商业活动的时候，更多地是从财富的角度去看待，完全忽视了伦理的作用。

生活在这样的伦理背景下的企业家，在其商品危害人们的生命健康时，缺乏负罪感和愧疚心理。三鹿便是如此。企业在面对因其毒奶粉给消费者带来极大创伤时，不是勇敢地去承担责任，减轻消费者的痛苦，而是一味地推卸责任，缺乏最基本的良知和职业道德。三鹿毒奶粉事件使得几代三鹿人52年的心血付之一炬，最终落得个被收购的下场，如果从商业伦理角度来审视，惋惜之余也就不足为奇了。在现代商战中，笑到最后的企业绝对是遵守商业伦理、市场规则的企业，伦理缺失的企业终究要被淘汰。

3. 管理问题

（1）品牌管理问题。品牌管理在一定程度上反映了企业文化，品牌不仅是对外（分销商、消费者）销售的利器，也是对内（员工、供应商）管理的道德力量。在营销中，品牌是唤起消费者重复消费的最原始动力，是消费市场上的灵魂。有一位企业家说过，“没有品牌，企业就没有灵魂；没有品牌，企业就失去生命力”。审读品牌管理的内涵，可见品牌管理的重要性。但是三鹿集团的品牌管理却不尽如人意。由于品牌管理是一种介于科学和艺术之间的管理行为，很多人误以为品牌管理是一种创意型管理，无章可循。回顾品牌管理的发展历程，我们可以发现两种方式：一种是硬管理，重视战略、结构和系统，强调指标量化，追求规范管理；另一种是软管理，重视价值观、文化的影响，强调以人为本，主张人性化管理，但最终目的都是建立和保持竞争优势，提高利润。探究三鹿集团品牌管理的实质，实际上是没有做到与竞争对手保持差异优势，运营系统没有做到内外宣扬的一致性，即没有做到品牌承诺的一致性，从而使得三鹿的品牌资源没有达到累积效果，失去了一致性，品牌资产的增值也就无从谈起，加上三聚氰胺事件的出现，最终使三鹿失去了其品牌的存在。因为对品牌的管理不当，导致大批的民族品牌悲怆离去，比如太阳神、飞龙，再比如三株、科龙，对品牌价值管理内容的偏失，对品牌管理的漠视，是他们离场的根本原因，而三鹿也未能幸免。在品牌管理的三项要素中，三鹿既没有做到比蒙牛、伊利建立更卓越的信誉，相比之下还处于劣势；也没有做到争取消费者、客户、政府、媒体的广泛支持；更没有与客户建立亲密的合作关系，没有增进与消费者的直接联系和消费者的忠诚度，在危机发生的时候，三鹿的离场就变成了必然。

（2）经营管理问题。三鹿的经营管理问题主要是对奶农的管理和对奶源的管理，说白了就是对奶源建设的管理。早在1986年，三鹿婴幼儿配方奶粉就已经供不应求，问题随之出现，奶源严重匮乏限制了三鹿的进一步发展；而饲料不足和牛群的大量增多也影响了鲜奶的质量和产量。此时，田文华大胆采用了“奶牛下乡、牛奶进城”的模式，将奶牛下放到农村给农民饲养，建立回收站回收牛奶，以质论价，这就是著名的“公司＋农户”模式。这种松散式的管理模式，虽然解决了当时的问题，但也为后来三鹿的覆灭埋下祸根。三鹿一旦对奶源监管不利，很容易在质量方面出现问题。奶源没有掌握在三鹿公司手里，太多的中间环节没有办法控制，很多环节的风险没办法避免，严重危害到三鹿的经营管理。相比之下，三元为什么能够在三聚氰胺事件中顺利上位？其原因在于三元本身有自己的农场和稳定的奶源建设。事实再次暴露了三鹿薄弱的经营管理问题。

二、产生的影响

1. 对品牌价值的毁灭性打击

品牌价值是品牌生存的基石。任何一种品牌都是虚幻的概念，只有把价值内涵注入到品牌名称中去，才能造就真正意义上的品牌。品牌价值的本质在于消费者对品牌产生的信赖感和依赖感。没有高质量的产品和高价值的服务，品牌价值就成了无源之水、无本之木，而高价值的品牌价值反过来又进一步提高了产品和服务的价值，从而实现了良性循环。

事件出现以前，三鹿集团的品牌价值很高。根据公开资料，在

2006年底，三鹿的品牌价值高达149.07亿元。现在，三鹿的无形资产已经所剩无几，也就是说失去了品牌价值。

事件出现后，三鹿集团最重要的资产只有股权和净资产。现在，资本市场对三鹿净资产的最直接评价是7亿元人民币，而事件前是12.24亿元。现在，三鹿的股权是6.6亿元人民币，而事件前是3.18亿美元。

三鹿奶粉出现了重大的安全事故问题，究其原因在于三鹿产品质量的重大缺陷和管理的漏洞，给消费者造成了巨大的创伤和难以挽回的损失，使三鹿的品牌价值彻底归零。在2008年10月30日，三鹿集团被迫停产，11月3日，三元宣布收购三鹿7家核心工厂。至此，又一个民族品牌——三鹿被历史淘汰。

2. 对乳制品行业的冲击

(1) 乳制品行业信任危机——兵败三聚氰胺。三聚氰胺事件无疑对中国的乳制品行业产生了重创，不仅仅包括被查处含有三聚氰胺批次的产品的下架、退货、回收，还包括收到被惊吓的消费者在其他批次上的退货，但最主要的还是消费者对这些“上榜”品牌的潜意识排斥。“外国人一天一杯牛奶结实了，中国人一天一杯牛奶结石了。”“日本人口号：一天一杯牛奶振兴一个民族；中国人口号：一天一杯牛奶，震惊一个民族。”“每天一斤奶，喝死下一代；每天喝三鹿，直奔黄泉路。”这些网上流传的帖子虽然带有一定的恶搞成分，但是我们不得不承认，中国的乳制品行业遭遇了前所未有的信任危机，并且信任危机被放大到其他相关行业和领域。

(2) 股票急剧贬值。在所有奶业上市公司中，除三元维持一路飙升的良好表现之外，其他上市公司在股市上一片惨淡，蒙牛9月17日在香港停牌，在此之前，已连续下跌3日。23日复牌之后，蒙牛乳业开盘报6.85港元，较之前的20港元，低开幅度达到67.75%。伊利9月19日停牌，在此之前已经连续4天下挫，17、

18 日两天更是连续跌停。除此之外，其他奶业公司的股值也急剧下降，损失惨重。

（3）产业重新布局。三鹿奶粉事件之后，大量消费者正在急剧流向由外资品牌控制的高端市场，与此同时，外资品牌正从国外调运大量产品，准备填补国内奶粉行业的巨大市场缺口，从中大捞一把。在“三聚氰胺门”事件中，蒙牛和伊利两大乳业巨头也被牵连，两大公司的产品销售量估计会减少一半以上，如此大的市场缺口还不包括光明乳业，所以，这为其他未受牵连的乳品企业提供了巨大的市场空间。除了极少数消费者可能不喝牛奶或者寻找替代品外，绝大部分的市场空间会在接下来的时间里在所有的奶粉企业中重新分布，从而促进产业的重新布局。

三、三鹿危机公关策略之反思

1. 推脱责任，拖延时间

9 月 1 日，河南、江西、湖北多省出现三聚氰胺事件，三鹿公司相关负责人表示，患病婴儿都在食用价格在 18 元左右同一品牌的奶粉，而三鹿没有 18 元价位的奶粉。三鹿慧幼系列的奶粉已经于 2008 年 7 月底停止生产。

当临床医生经过流行病排查患病婴儿，怀疑是三鹿奶粉的问题的时候，三鹿集团没有反应；当媒体上报出是“某品牌”奶粉导致婴儿肾结石，而“某品牌”就是暗指三鹿奶粉的时候，三鹿集团还是没有反应。

当三鹿奶粉自检发现 2008 年 8 月 6 日前出厂的部分批次三鹿婴幼儿奶粉受到三聚氰胺的污染时，三鹿集团终于有了反应，决定召回产品。然而，为时已晚，人们对三鹿的信任值已经一路狂跌。

其实，三鹿集团如果早作反应，尽快地展示自己负责任的企业形象，或许三鹿能逃过一劫。

类似的危机事件还发生在 20 世纪 80 年代。泰诺曾面临一场几乎是灭顶之灾的“中毒事件”危机。1982年9月29—30日，有报道称：芝加哥地区有人因服用泰诺而死于氰中毒，死亡人数更是从最初的3人增至25人，后来，这一数字演变成2 000人（实际死亡人数为7人）。

事件爆发后，泰诺94%的服药者拒绝服用此药。医院、药店纷纷撤销泰诺。面对这一危机，泰诺方面的七人危机管理委员会迅速展开了一系列措施：

（1）在全国范围内立即收回泰诺止痛胶囊产品。

（2）以真诚的态度与新闻媒体沟通，传播真实消息，其中包括对企业有利的消息和不利的消息。

（3）积极配合美国医药管理局的调查，在5天内对产品进行抽检，公布检查结果。

由于公司在中毒事件发生后的第一时间采取了一系列快而有力的危机公关，树立了泰诺公司负责任的企业形象，在随后的一年时间内，泰诺产品再次占据了市场领先地位，赢得了受众的信任。

2. 公关算尽，企图掩盖事实

三聚氰胺事件出现之后，三鹿集团也作过主动的努力，但出发点却难以直言。公司没有主动承认错误，及时处理善后事宜，而是反其道而行之，企图通过掩盖事实的方式进行危机处理。

2007年9月2日，CCTV新闻频道《每周质量报告》播出了特别节目——“中国制造”首集——《1100道检测关的背后》。对三鹿婴幼儿奶粉的生产过程进行了详尽调查，展示了中国婴幼儿奶粉标杆企业——三鹿集团过硬的产品质量和科学、严谨的过程管理。事发前的处心积虑，事后看来却是莫大的讽刺。

又如一份名为“三鹿公关公司写给三鹿危机公关的信”，在论坛上被透露。此事是否属实有待商榷，但人们可以看出其中的蛛丝马迹。三鹿对事件的隐瞒不报是不争的事实。一家技术标杆企业，居然为自己的技术缺陷护短，最终酿成事故。

在危机中，企业正确面对、妥善处理，不仅能化解危机，甚至还能将危机转化成商机。在三聚氰胺事件刚发生时，在各种报道中纷纷怀疑是“某国产品牌奶粉”的问题。当时网上已经有消息暗示“某品牌”可能是三鹿。这时的三鹿，如果尊重事实，不管人们的怀疑是真是假，都应遵循“假使有错推定、消费者利益至上”原则，在第一时间停售人们怀疑的问题产品，进行质量检测。不管最终产品有无问题，此举都会给企业赢得负责任的形象——产品没问题，人们更加喜欢你；产品有问题，你的积极的、负责任的行为，也会让消费者原谅你。

反观2000年的康泰克，当时其被爆出含有PPA成分，容易引起心率失常、高血压、脑充血，会导致血管收缩。接到信息后，康泰克本着顾客利益至上的原则，立即停止生产，成立危机小组负责危机期间各种内外信息的制作和发布；同时，生产小组负责策划生产不含PPA的新康泰克产品。随后，新康泰克在市场上大获成功，康泰克以胜利的姿态渡过危机。

3. 寻“替罪羊”，转移公众视线

2008年9月12日上午，三鹿集团出示一份材料称，三聚氰胺事件是由于不法奶农为获取更多的利润向鲜牛奶中掺入三聚氰胺引起。三鹿集团说明了检测出三聚氰胺的过程。

3月中旬，接到消费者投诉，说孩子尿液发红，有结晶出现，公司立刻派人到消费者家中了解情况，根据反映的产品批次，请求地方有关部门对产品进行了检测，同时到国家有关部门检测，结果显示产品符合国家标准。6月中旬后，病例增多，并且有住院治疗的。三鹿集团向有关专家咨询产生的原因。通过对产品大量深入检测排查，在8月1日得出结论：是不法奶农向鲜牛奶中掺入三聚氰胺造成婴儿患肾结石，不法奶农才是这次事件的真凶，并立即上报，而且通过卫生部发布召回婴幼儿奶粉的声明。但8月1日查明后，为何没有及时发布消息，三鹿集团没有说明。

2009 年 3 月 26 日，河北省高级人民法院二审裁定，依法维持石家庄中级人民法院对三鹿问题奶粉事件最大“源”凶张玉军、张彦分别判处死刑和无期徒刑的一审判决。

四、案例反思

1. 营销方式亟待转变

价格是营销组合中最灵活的因素之一。与产品特色和销售渠道不同的是，价格会随着其他因素而发生变化。在营销组合中，价格是唯一能够创造收益的因素，也是厂商能赢利的重要原因，其他因素都表现为成本。因此，真正卓越的营销表现为在营销成本相当的情况下，以高于竞争对手的价格出售产品，而不是进行价格战。

企业赢利的正常途径是培育品牌，国外的知名企业都是注重宣传品牌，将品牌做大做强，从而赢利；而我国的品牌大都采用价格战，即极端压低产品的价格，定价过于强调成本导向，脱离了营销组合中的其他因素。

三鹿集团奉行的营销方式，基点在于以价格为导向。凭着几十年的营销经验，三鹿准确地抓住了中低端市场上的消费者心理，频频使用价格战提高销量。三鹿为了争夺行业霸主地位，谋求市场份额的迅速提升，广告战、价格战成为其营销方式的首选。最终，三鹿通过广告战、价格战在奶粉的中低端市场上占得一席江山。但是，坚持以价格战为主要营销方式，所生产的产品并没有真正做到以消费者为重心、满足消费者的真实需求，更未能有效地向消费者让渡价值。三鹿的目的只是为了自身的发展，没有从品牌的角度出发，更没有从消费者的角度出发。如果要改变品牌形象，三鹿必须转变营销方式，由单纯依靠价格的低端竞争转向以品牌为法宝的高端竞争。这一点，有宝洁为例。宝洁公司的海飞丝系列在 2005 年的春夏之际，曾经为了提高销量而降低价格，可是一周之后，宝洁悄然退出价格战。究其原因，是因为公司总部觉得，价格战会降低宝洁产品在消费者心目中的品牌形象，不利于品牌的长远发展。

2. 拷问免检制度

国家对一些产品实行免检，就是国家在为这些产品和企业提供经济担保，从经济学上来讲，是毫无道理的。与其说消费者选择的是免检产品，不如说消费者选择的是对国家的信任。免检制度的实施，意味着政府以自己的信誉为企业的产品作质量担保，风险完全转嫁到政府身上。同样，也有学者对“中国名牌产品”提出质疑。各种各样的制度，存在到底合理与否，还值得进一步商榷。

3. 制度反思

三鹿奶粉事件固然可怕，但更可怕的是，类似的事件会不会再次发生？会不会是“一个三鹿倒下去，千万个三鹿站起来”？媒体声讨、政府惩罚，固然透明及时，但为了防止悲剧重演，必须酝酿更深刻的制度改革。说得再简单一点，就是中国现行的制度对消费者的保护不够严密。为此，要求各级地方政府建立起一整套制度机制，彻底保护消费者的合法权益。

三鹿奶粉事件引起了党和政府的高度重视，为保证食品安全，保障公众身体健康和生命安全，十一届全国人大常委会第七次会议于 2009 年 2 月 28 日审议通过《中华人民共和国食品安全法》（以下简称为《食品安全法》），该法将于 2009 年 6 月 1 日起施行。民以食为天，食以安为先，食品安全关系到人民群众的身体健康和切身利益，关系到整个国家的发展大计，也关系到食品行业的健康发展，《食品安全法》的颁布意义重大，影响深远。

五、总结

三鹿奶粉事件引发行业惊雷。三鹿集团作为主要肇事者，责任不可推脱，遭遇被停产吊销的命运也是罪有应得。但其更深层的意义在于为乳制品行业敲响警钟。乳制品企业要想在危机中存活下来，必须正本清源，重振消费者对食品安全的信心，可以采取以下措施：

（1）加强食品质量安全监管，质量是基石；

（2）提高防御风险的能力，正确地进行危机公关；

（3）加强企业社会责任意识的培育，接受商业精神的洗礼。

只有这样，中国乳制品品牌才有希望真正做大、做强。

（于利军）

Twelve Wounded Brands
in the Olympic Year of 2008

第五章

蒙牛：危机之后 涅槃重生

品牌背景

由三鹿引发的中国乳业危机，无疑是一场行业“地震”。蒙牛、伊利等知名大企业的产品也被查出含有三聚氰胺，给本已惶惶不安的消费者当头一棒。由于蒙牛九年迅速发展中所塑造的完美的、有责任感的企业形象，在此次事件中，它所面临的消费者怀疑和企业危机更为深重。

一、蒙牛简介

内蒙古蒙牛乳业（集团）股份有限公司（以下简称蒙牛）创立于1999年初，总部位于中国乳都核心区——内蒙古自治区呼和浩特市和林格尔县盛乐经济园区，在全国15个省份建立生产基地20多家，拥有总资产超过80亿元，职工近3万人，乳制品年产能力达500万吨，是中国乳品业三大巨头之一。

二、蒙牛发展历程

在创企之初一无奶源、二无工厂、三无市场的情况下，蒙牛确立了“先建市场，后建工厂”的思路，通过虚拟联合，投入品牌、管理、技术、配方，与区内外8家乳品企业合作，逐渐打开市场，并于1999年底建成自己的工厂。集团在创始人牛根生的领导下，以别出心裁的大手笔营销迅速开拓国内市场，保持着强劲的发展势头。2002年10月，在“第五届中国成长企业CEO峰会”上，蒙牛以1 947.31%的成长速度名列榜首，被央视称为“一头牛跑出了火箭的速度”。

2004 年，销售收入达到 72 亿多元，年收奶量 150 万吨，发放奶款约 30 亿元，成为中国乳界收奶量最大的农业产业化“第一龙头”。

2005 年，日收奶量达 5 000 吨，主营业务收入由 0.37 亿元增加到 108 亿元，年均递增 158%；年度纳税额由 100 万元增加到 4.87 亿元，年均递增 180%；净利润由 53 万元增加到 4.56 亿元，年均递增 208%；主要产品的市场占有率达到 30%以上；蒙牛在全国乳制品企业中的排名由第 1 116 位上升至第 2 位。

2006 年，在国家统计局大企业集团五百强中，蒙牛位列全行业第一，获得了“最具创造力的中国企业”称号。

2007 年底，主营业务收入 213 亿元，年递增率 121%，是国内首家收入超过 200 亿元的乳品企业，主要产品的市场占有率超过 35%，液态奶、冰激凌、奶片销量均居全国第一，乳制品出口量全国第一。在最新公布的全国大企业集团五百强中，蒙牛位列 237 位。

三、蒙牛产品

九年来，蒙牛秉承“立足自主开发，强化联合作业，培育核心产品，抢占技术高端”的思路，累计投入上亿元科研资金，不断研发新产品。

1999 年 4 月，第一批蒙牛纯牛奶问世；5 月，第一批蒙牛冰激凌上市；7 月，第一批蒙牛全脂甜奶粉上市。

2000 年 5 月，常温液态奶蒙牛枕在北京率先上市。

2002 年 1 月，蒙牛独立研发的新产品香米奶茶粉上市，在传统奶茶粉中加入炒米成分，由传统 227 克装改为 200 克装，消减了人们对产品的价格敏感；7 月，推出“随变”冰激凌，这种巧克力架和奶油冰激凌的结合产物，工艺独特，每支冰激凌的巧克力架完全不同，使冰激凌得以个性化。

2003 年，蒙牛涉足酸奶（低温酸牛奶）领域，相继推出了普通联杯酸奶、果粒酸奶和乳酸饮品。在冰激凌市场，“绿色心情一绿莎莎”（绿豆口味奶冰）问世。另一细分市场产物——早餐奶也相继诞生。

2004年，在“绿色心情—绿莎莎”基础上，蒙牛又推出“红色激情一红豆沙”以及“黑色炫风一黑豆沙”，形成以天然豆沙为原料的冰激凌系列产品。而第二代果粒酸奶的复合果粒酸奶、主攻餐饮渠道的纯牛奶品牌“半日轻闲”也成功上市。

2005年，高端酸奶LABS益生菌酸奶、冠益乳与特仑苏及奶爵6特乳与消费者见面。随后，蒙牛又推出特仑苏OMP“造骨蛋白”概念，即“特仑苏OMP”既补钙也留钙，迎合了高端消费者的需求。蒙牛酸酸乳亦随着“超女”走遍全国。2006年，在第27届世界乳业大会上，特仑苏捧回了“IDF产品开发奖”，实现了中国乳业史上金牌“零的突破”。

2007年10月，蒙牛“现代牧场”高端鲜奶及冰激凌新产品蒂兰圣雪和心晴牧场系列上市，并首创含益菌因子的蒙牛酸酸乳及全球第一款常温果粒乳饮料——蒙牛真果粒。

目前，蒙牛共有液态奶、酸奶、冰激凌、奶品、奶酪等系列200多个品种，以优良的品质一度赢得消费者信任，获消费者综合满意度第一荣誉称号。产品不仅覆盖国内市场，还出口到美国、加拿大、蒙古、东南亚及中国香港和澳门等国家和地区。

四、蒙牛营销之路

蒙牛的快速发展，离不开其独特而高效的营销模式。“蒙牛营销模式”已然成为一个专有名词，归结起来，包括三方面的内容。

1. 公益营销

蒙牛公益营销一直伴随着企业的发展。

1999年蒙牛建企之初，将1/3的启动资金用于广告传播，在500多块广告牌上书写“发展乳品行业，振兴内蒙古经济”的公益

广告，并提出“创内蒙乳业第二品牌”的口号，用公益赢得社会好评，抢占消费者心理位置；

2001 年在北京申奥前夕，蒙牛打出了“一厘钱精神，千万元奉献”的旗帜，从每袋牛奶、每根雪糕的销售收入中各提取一厘钱，累计 1 000 万元，分期分批捐给“奥组委”，喊出了“北京援我 100 万，我助北京 1 000 万”的口号，掷地有声，打开全国市场；

2003 年“非典”期间捐款 100 万元，并向医务工作者和消费大众捐款捐奶 1 200 万元，成为首家捐款抗击“非典”的企业，迅速提升企业形象；

在“神五”飞天成功后，蒙牛借力“中国航天员专用牛奶”，树立了高品质的形象，提升了品牌知名度；

2006 年响应温总理号召，提出“每天一斤奶，强壮中国人”的口号，开展我国有史以来最大的捐奶助学工程，向全国贫困地区 500 所小学捐赠牛奶一年，受赠学生达 6 万人，折合价值上亿元，获得社会认可；

2008 年，蒙牛向南方遭受冰灾地区捐助 1 000 万元，向汶川特大地震灾区捐物捐款超过 1 200 万元。

此外，牛根生捐出个人全部股份设立“老牛专项基金”，用于开展各类公益事业。蒙牛参与发起的“中国饮奶运动”、“中国牛奶爱心行动”等活动，在促进中国消费者养成牛奶饮用习惯、提高公众身体素质方面作出了贡献。这一系列公益营销树立了蒙牛“一家有责任感的企业”的形象。

2. “超女”营销

2005 年，湖南卫视推出的第二届“超级女声”娱乐选秀活动，在全国范围内引起强烈反响。蒙牛认准了目标市场，实施了极具智慧的整合营销模式，冠名“超女”与地面营销活动相结合，全程深度参与该活动，迅速铺开全国市场。20 亿包酸酸乳产品进入超市、便利店等十万多个零售终端，另有 500 多场路演，既传播了超女也推广了蒙牛。蒙牛的名字随着“超女”的传唱而走遍大江南北，进入千家万户。

3. 体育营销

2004 年，在雅典奥运会前夕的备战阶段，蒙牛牛奶被选定为体育总局训练局运动员专用牛奶。

2005 年，申奥成功 4 周年之际，“志愿北京，蒙牛同行”大型演唱会在北京举行，蒙牛成为为奥运会提供志愿服务的“志愿北京”大型活动首席合作伙伴。

2006—2007 年，响应体育总局号召，开展“全民健身与奥运同行”活动，蒙牛“城市之间”在全国展开。这一项全民健身海选的群众体育活动，将健康的概念普及到众多民众，并借力“奥运”这把圣火全面巩固品牌。

蒙牛集团大手笔营销迅速催生了一种民族品牌的崛起，依照“内蒙古牛”、“中国牛”、“世界牛”的三步走战略，蒙牛全力打造优势品牌，开拓世界市场。

案例介绍

一、危机概述

1. 三鹿引发奶粉事件

2008 年 7 月以来，甘肃等地陆续报告多起婴幼儿泌尿系统结石病例。初步检测发现，导致这些婴幼儿患病的主要原因是患儿服用的三鹿婴幼儿奶粉中含有三聚氰胺。这种能增加奶粉或原奶蛋白指标的化学元素对泌尿系统有很大损害。9 月 11 日，三鹿集团首次发布产品召回声明，称公司经自检发现 2008 年 8 月 6 日前出厂的部分批次三鹿婴幼儿奶粉受到三聚氰胺污染，市场上大约有 700 吨，公司决定立即全部召回。一时间，“毒奶粉事件”成为公众最关心的话题，而这一天也被人称为“中国 9 · 11”事件。该事引发了全社会对婴幼儿奶粉及其他牛奶甚至食品安全的关注，多方舆论要求企业、国家对产品进行全方位检测。

2. 蒙牛暴露产品问题

随着事态的进一步发展，国家在全国范围内对 109 个生产婴幼儿奶粉的乳制品企业进行抽检，并在 9 月 16 日晚《新闻联播》中公布了检查结果。令人惊讶的是，伊利、蒙牛、光明等 22 个企业赫然在列。

“内蒙古蒙牛乳业有限公司生产的蒙牛牌婴幼儿配方乳粉，抽样数 28，不合格数 3，三聚氰胺最高含量每公斤 68.2 毫克。”

紧接着，质检总局又对产品市场占有率达 70%以上的企业的液态奶产品进行抽样检查，在 121 批次被抽检的蒙牛产品中，11 批次检出三聚氰胺，检出值在 0.8～7mg/kg。

此外，雀巢、联合利华、新西兰乳企等一批跨国品牌均被检出含有三聚氰胺。其他含乳产品也卷入其中，涉及奶糖、巧克力、饼干、蛋糕、米糊等类别，卡夫、玛氏、吉百利、乐天、金帝等跨国企业也未能幸免。甚至其他食品如莴苣、芹菜、西红柿、土豆以及蘑菇等都发现有残留的三聚氰胺。

这场由三鹿引发的“乳业地震”，随着消费者的充分关注和国家的大力检测，波及了诸多企业，余震不断。这让本已经历了 2008 年众多大喜大悲的消费者再度面临食品安全及企业信任恐慌。

二、奶粉事件对蒙牛的影响

1. 销售减少，股市下跌

短期而言，蒙牛面临着不合格奶制品的回收和消费者退货的问题，其销售必将受到巨大影响。频繁的质量检测，使很多原奶在未经检测前就先变质，无形地增加了企业的成本，降低收益。在股市上，蒙牛遭遇停牌，股价下跌，十余家投行集体下调公司的评估价格，牛根生基金会抵押给摩根的股票也面临被出售的危险。更有境外资本大鳄蠢蠢欲动，妄图收购蒙牛。有分析师估计，蒙牛第四季度的销售额将大幅下滑，在未来一段时间内，蒙牛的赢利不容乐观。

这是蒙牛所遭遇的最直接影响。

2. 消费者信任危机

蒙牛这样一个乳业翘楚，竟然也会有产品质量问题！这无疑让消费者产生巨大的心里恐慌。从长远看来，消费者对蒙牛空前的怀疑和否定将是企业最惨痛的损失。

笔者于 2008 年 5 月在厦门大学、重庆大学、北京大学等高校用滚雪球的方式作了一项调查，了解高学历水平的消费者对蒙牛公益营销及蒙牛集团的评价。调研结果显示，67％的被访者认为，蒙牛是一家很有社会责任感的企业，蒙牛以其“高质量产品和持续参与的公益事业”，塑造了一种良好的“企业公民”形象，值得信任。

同时，被调查者认为，产品或者服务质量都是企业的基石，是企业最基本的责任，有了这个基础，企业的公益才有意义。

营销学家大卫·艾克认为，产品品质（价值）作为品牌核心识别要素，是产品进入市场的先决条件，是竞争者取胜的关键。而此次奶粉丑闻，出问题的恰恰是作为企业基石的产品质量，而且是关系到消费者生命安全的产品。蒙牛这样一贯以“企业社会公民”形象出现在消费者面前的牛奶大企，一种曾如此被消费者信赖的品牌，连最基本的企业责任都没有做到，如何能谈其他行为！消费者产生了巨大的心理落差，这不仅引发了消费者对食品安全的怀疑，更增加了社会公众对企业本身的不信任。而一家企业的发展，必须通过消费者的消费行为才能最终实现。蒙牛遭遇的信任危机，将是今后企业发展面临的最大的瓶颈。

3. 品牌资产折损

尽管国内外学术界对品牌资产的定义尚未统一，但很多营销大师对该概念的描述可归结为以下几方面：其一，品牌资产是无形的，它存储在消费者的脑海之中；其二，品牌资产以品牌名字为核心，涉及具体的品牌名字；其三，品牌资产影响消费者的行为，包括购买行为和对营销活动的反应；其四，品牌资产依附于消费者，而非产品。

厦门大学新闻传播学院教授黄合水提出了一种“品牌资产的联想模型”（见图 5-1），他认为，产品评价和关联物是品牌资产的重要元素。品牌名字与产品评价的联想关系，往往是“主观质量”、“品牌态度”的代名词，而关联物通常与“美誉度”相关。[①]

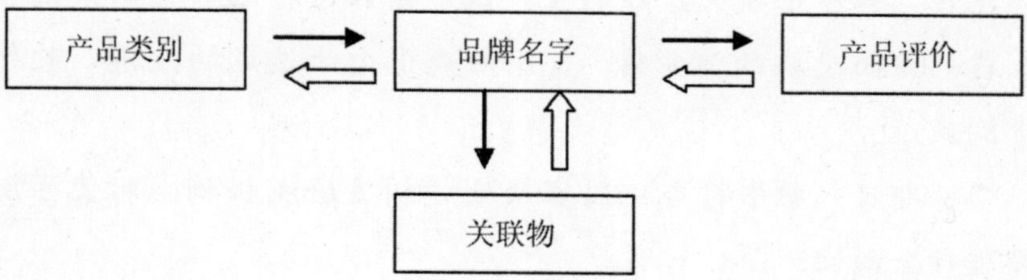

图 5-1　品牌资产的联想模型

正因为品牌资产是消费者关于品牌的知识，依附于消费者，因此，消费者对品牌的认知和评价最终决定了品牌资产的提升或消亡。蒙牛产品因质量问题与“问题牛奶”、“三聚氰胺”、“毒害”之类的不利关联物联系在一起，在消费者心中形成消极的“主观产品质量”，“美誉度”下降。由于蒙牛广泛的知名度，消极的品牌联想加剧了消极产品评价，进一步影响消费者的购买，甚至品牌忠诚。蒙牛的品牌资产在恶性循环中大大折损。

案例评析

一、蒙牛对策

“奶粉事件”发生以来，国家有关部门和整个中国乳业紧急行动，共同面对这场中国乳业有史以来最严重的危机。对蒙牛而言，

① 黄合水．广告调研技巧［M］．厦门：厦门大学出版社，2003.

重获消费者信心是此次危机处理的重点。

1. 多次发表声明，称负责到底

央视公布“问题奶粉企业”名单的第二天，即 2008 年 9 月 17 日，蒙牛集团发表声明，向全国消费者致歉，并郑重承诺：

一、将不合格的婴幼儿奶粉全部召回，由此产生的费用由蒙牛集团承担，并停止相关产品的生产线，按国家标准加倍赔偿因食用不合格奶粉而患病的消费者，5 年内查出由此造成的疾患，蒙牛会负责到底。

二、即日起蒙牛将委托国家及地方相关检测机构，对蒙牛所有产品进行全面检测。

三、凡经检验合格的原奶将继续收购，此举旨在维护奶农的利益。

同时，该声明还公布了退货咨询电话（4006603333；8008053333）并附问题奶粉下架、召回及消费者退货流程。

牛根生于同一天在其博客公开表态，在责任面前，企业唯一的选择就是负起完全的责任，称大品牌要负大责任。这是国内主要乳制品企业负责人在三聚氰胺事件发生后，首次公开表态。他谈到：蒙牛产品也含有三聚氰胺，不仅他本人，蒙牛的员工都不知情。但“不知道”不能成为自我开脱的理由，蒙牛必须为消费者、奶农、股民、经销商负起责任，要与国务院、省市政府保持一致；同时也要为自己负起责任，拯救企业发展；为了承担责任，蒙牛作好了不惜一切代价的准备。牛根生还郑重宣布：如果牛奶事件处理得不好，他将引咎辞职。

9 月 20 日，蒙牛、伊利等 21 家企业向质检总局递交了质量安全承诺书，集体对社会郑重承诺，将承担起责任，严格生产，确保产品质量安全。

9 月 23 日，蒙牛、伊利、光明等全国 109 家奶制品生产企业和全国 207 家流通企业，联合发布《中国奶制品产销企业质量诚信宣言》，对奶制品的生产和流通严格把关，切实承担起产品质量安全第一责任人的使命，履行社会责任，共同保障消费者的切身利益和生命安全。

10 月 18 日，牛根生写了一封长达一万多字的《中国乳业的罪罚治救——致中国企业家俱乐部理事及长江商学院同学的一封信》，被称为“万言书”，他在信件中对事件的来龙去脉和蒙牛的补救措施作了详细的说明，并希望“大家赐教”。

2. 积极行动，严格把关产品质量

蒙牛在首次发表声明后，迅速将所有不合格产品召回，以实际行动实践对消费者负责的诺言。同时，蒙牛在奶源、生产、检测等方面推出重要措施，全力打造“牛奶安全工程”。

（1）蒙牛紧急特派近万名员工入驻全国基层奶站，对奶源环节严格执行“人盯人、人盯站、人盯车”，24 小时监控原奶生产和运输过程。同时，蒙牛开展奶站托管，对所有蒙牛收奶的奶站派出专人进行经营管理。公司还将在所有奶站挤奶厅安装摄像头，给所有恒温运奶车装上 GPS 定位系统，让每一滴原奶都处于“电子眼”分分秒秒的监控之下。

（2）严把生产关。蒙牛按照 ISO 9001 认证、ISO 14001 认证、HACCP 认证等体系范围严格执行生产，杜绝生产中存在的安全隐患。

（3）严把检测关。对原辅材料和奶制品批批检测，包括生产厂检测、技术质量研究部检测、质量中心检测，并委托第三方权威机构检测，涵盖了生产过程当中的 9 道工序 36 个监控点 105 项指标。

蒙牛开通蒙牛牛奶安全生产网（http：//www. mengniumilk. com. cn/index. asp），开展“万名消费者‘安检员’全国招募”活动，邀请消费者全线深入蒙牛奶制品生产过程，并将评选 100 名优秀质检员，组成消费者委员会，长期对蒙牛监督。

10 月 15 日，由国务院新闻办邀请组织，来自彭博社、美联社、法新社、路透社、日本共同社和NHK电视台、西班牙艾菲社、中国港澳台的主流报纸和电视台以及新华社等几十家海内外媒体的近百名记者，深入呼和浩特蒙牛乳业集团总部进行了实地考察参观。

11月1日，蒙牛集团开展“走进蒙牛、见证品质”大型活动，邀请中外媒体记者、全国各地消费者代表进行实地参观。

11月17日起，消费者就可以从网上监督蒙牛牛奶生产的过程了。蒙牛联手新浪网、优酷视频、天线视频等网络对自己生产的关键环节进行24小时全程直播。

蒙牛通过以上一系列举措，向消费者证明蒙牛现今生产的牛奶是安全健康的，向社会公众履行“大企业负大责任”的诺言，以赢回公众的信任。

二、对蒙牛危机处理的评价

1. 优点

从发表声明到实际行动，蒙牛集团积极行动，全力处理危机，有以下优点。

（1）真诚、负责。蒙牛集团董事长牛根生在事发后，首先站出来真诚向消费者致歉，郑重表示“如果处理不好就引咎辞职”；并发表“万言书”，详细说明事件的来龙去脉和蒙牛的补救措施，态度诚恳，情感动人。蒙牛集团的实际行动，也充分体现出企业真诚负责的态度。

（2）迅速、及时。央视公布检测结果的第二天，蒙牛集团即发布声明并采取行动，表现出对消费者负责到底的决心；牛根生也迅速表态，称大企业要负大责任。蒙牛在第一时间内迅速召回不合格产品，并加强监测力度，严格把关产品质量。

（3）全面、彻底。蒙牛在将不合格产品及时召回处理的同时，并保证对经检验合格的原奶，继续收购以维护奶农利益；并给予消费者双倍的赔偿；派专人监管奶源、以高标准把关生产、邀请社会各界共同检测等各项举措，在奶源、生产、检验等各大环节全面行动，确保产品批批合格。

2. 不足

蒙牛此次危机处理，是在国家全行业检测并公布问题企业名单之后才作出的，距三鹿首次发表声明已经一个星期。所以，蒙牛的及时、迅速是相对其他问题企业而言的。如果在三鹿最初出现问题的时候，蒙牛就站出来，自检或者邀请第三方检测，快速处理相关产品，也许，蒙牛就不会遭遇那么严重的消费者信任危机。

同时，牛根生的“万言书”，号召以民族品牌战略的眼光来原谅蒙牛此次的错误，其直接原因是面对外资的强势恶意收购。这种不合时机的声明让消费者觉得蒙牛在“作秀”，借用“民族品牌”这样的词语来博取消费者的同情。它直接违背了蒙牛的企业文化，“自责不是解决问题的方法”。如果牛根生所代表的蒙牛灵魂人物在事件初期就给消费者一个确切的交代，兴许会有更好的社会效果。

三、蒙牛危机的原因分析

蒙牛产品出现质量问题，既是企业责任感的缺失，也是对消费者信任的践踏，是企业自身和行业及国家管理等多方面的原因共同作用的结果。

1. 表层原因：品牌“人格分裂”

从浅层次看，蒙牛产品质量问题是因为品牌理念和品牌行为出现断层，是错误的品牌行为的结果。

大卫·艾克基于以消费者为中心的战略思维，在 CIS 的基础上提出了 BIS（Brand Identity System）理论。BIS 是以品牌为主导的品牌识别传播模式，目的在于建立一种统一的、明确的、独特的品牌形象。它包括品牌理念、品牌行为和品牌视觉识别三个系统。品牌形象理念识别（MI）包括企业精神、企业愿景、企业使命、企业经营哲学、企业员工培训等内容，是 BIS 的基本精神，是企业运行的原动力和实施基础。品牌行为识别（BI）是品牌战略的运营模式规划的重要手段，是整个运营系统按照统一目标和规划，长期形成的结果。品牌视觉识别（VI）是品牌形象具体化、视觉化的传播形式，包括一些基本的设计要素，如品牌命名、品牌标志、品牌标准字和标准色、包装、陈列等。品牌行为由品牌理念来支配，社会公众及消费者对品牌的认知直接来源于品牌行为。品牌理念如果不落到实处，就会出现“人格分裂”，品牌将不能长久生存。

无论是蒙牛牛奶与“神五”飞天的连接，还是酸酸乳与当时的乳业龙头——伊利的依附定价，蒙牛从一开始就对外宣布其产品高品质的特性。蒙牛一直注重自己的形象，在企业文化里对蒙牛标志的释义、对产品的命名、对公司事业的定位等理念层面上，充分突出蒙牛产品的绿色、安全、健康，致力于“用品质优势、服务优势去赢取市场和品牌优势”。蒙牛的企业文化作为品牌资产的核心理念，指引着蒙牛的一切营销活动。蒙牛的品牌理念没有执行到位，导致了错误的品牌行为，产生了严重的后果。

2. 深层原因：企业战略管理问题

从根本而言，蒙牛不合格产品的出现最终归结于企业战略的失效和管理的疏漏。

蒙牛有一条企业管理理念：高层凡是完成阶段性任务就辞职，做企业智囊团，只做战略不做操作。牛根生于 2006 年辞去总裁职务，自称是为了适应企业的两权分立。用牛根生自己的话说，问到企业战略，他能说清；而论及运营，他了解不全面。企业战略思想与实际运营的分离，直接影响企业的正确决策，出现“想一套做一套”的困境。

但如果牛根生不辞职，蒙牛就不会出现产品质量问题吗？不尽然！产品质量是企业的生命线，这是企业最基本的底线。牛根生在“万言书”中称对某些不法分子的恶劣行为“不知情”，但作为一家企业的管理者，对产品质量制订了怎样的规范？实际的生产过程中，是否在严格执行？蒙牛爆发的危机从根本上揭示了企业错误的经营哲学，即没有真正把质量当成企业的生命线放在第一位，没有从源头上顾及消费者的利益，思考企业的长远发展。从奶制品行业的价值链来看，即使添加三聚氰胺是出自奶源的问题，蒙牛为何不从一开始就建立严格标准，对奶源实行严格检测？这种短期获利的行为，损害了消费者的健康，也危及企业长久的发展。

再者，即使三聚氰胺的黑幕全行业皆知，别的企业要做的事，蒙牛一定随波逐流吗？蒙牛既没有坚持自己该有的价值观，也没有履行企业该尽的社会责任，更没有担当起一家乳品大企业对行业健康发展的规范和引导作用。企业在传播层面做了“领导”，却在行为方面同流合污，用现在的“资源”做未来的生意，这本身就是错误的企业管理战略。

3. 行业黑幕：低价竞争 恶性循环

从三鹿到伊利、蒙牛、光明等一大批乳制品企业都被曝在奶粉或牛奶中查出三聚氰胺，这表明，三鹿的恶劣行为并非偶然或者个别，它折射出一个行业长期存在的畸形发展模式，一条明知故犯的“潜规则”。

国内很多奶制品企业曾依靠进口原奶，但过去两年，由于主要产奶地新西兰和澳大利亚持续干旱，产能和出口量下降，价格猛涨，国内乳企的奶源大受影响。

2008 年初，南方冰灾，很多牧场牧草死亡，导致饲养能力下降。饲料价格回升使饲养成本进一步增加。国际原油的上涨增加了企业的运输成本，人力成本的上升，企业面临着奶源的恶性竞争。

在奶制品市场上，奶农、供销商、渠道商、企业和消费者共同构成了产业链，而奶源、企业、消费者三者是这个链条的核心。一种良性的发展模式是：奶农获得价值满足，企业获得长期发展，消费者获得产品满意。

在中国的牛奶市场上，基本上是奶农为消费者能喝到低价牛奶买单。中国几乎所有乳品企业的自有牧场比例不超过50%。乳品企业的原奶50%～70%来自于奶农。奶牛养殖独立于整个产业链之外，乳品企业和奶农都是外部交易。企业对养殖环节、奶站难以控制。随着CPI的上涨，消费能力下降，企业为了稳固消费市场，保证利润，不得不进一步压缩成本，这直接影响奶农的收益。同时，伴随着CPI上扬的还有农产品尤其是饲料的价格上涨，奶农在双面夹击的情况下，如何能保住自己的利益？杀牛倒奶是一种选择，勾兑原奶、添加三聚氰胺等化学元素增加检测指标是另一条途径。在三者的博弈中，奶农尤其是衍生的奶贩子通过后者来稳固自己的利益，企业对其睁一只眼闭一只眼，消费者继续喝着价格便宜的产品。于是，一条产业链的恶性循环诞生了。

此外，"暴发户"式的企业扩张导致了管理的疏漏和行业的混乱。企业各自为阵，盲目追求自身发展，忽略了对整个行业的整合运营。在彼此价格战、广告战的混战中，不法分子借机钻空子，舍本逐末的做法也最终损害了企业自身的发展。

4. 国家管理：规则与执行的错位

陷入此次危机的企业很多是"中国名牌"、"国家免检产品"，这也反映出国家质量监测方面的问题。

尽管国家颁布了众多法规，对加强产品质量作出了规定，质检总局对产品进行检查，但从此次奶粉事件来看，国家的法规没有执行到位，质检总局也没有真正履行职责。

我国多年来存在的免检制度，给了企业投机的机会。1999年，免检制度在全国范围内启动。2000年，相关办法出台，赋予免检产品以特殊权利，在免检有效期内，各级政府部门以及流通领域均不得对其进行质量监督检查。国家颁布"国家免检"、"中国名牌"等多种认证，其初衷是对优秀企业实行"扶优扶强"，却因为执行不力，成了伪劣产品横行市场的"通行证"。该项措施使一些企业在最初为获得这些认证的时候多方努力，一旦通过，即使降低要求，流入市场的产品出现质量问题，也不会影响“免检”的名号。

企业缺乏外在的力量规范生产经营，同时自身管理模式存在严重问题，缺乏长远的战略眼光，两者的共同作用直接导致企业的错误行为，最终也危害企业发展。

四、对蒙牛危机的反思

1. 企业责任感

蒙牛或者说乳业这场深重的危机，让我们不得不重新审视什么是企业社会责任。

企业社会责任不等于公益责任。零点调查的数据显示，中国民众对于企业社会责任的履行要求包括五方面，其重要性依次如下：产品安全责任、环境保护责任、公众安全责任、依法纳税责任、公益事业责任。

企业社会责任涵盖了五项内容，最基本的是产品安全责任，企业在完成一个经济实体应尽职责的基础上所做的公益事业，才是为企业锦上添花，为社会增加福利。安全生产，尤其是关系到消费者的生命财产安全的食品行业，不合格产品应该坚决杜绝。笔者 2008 年所作的调查也表明，消费者对一家企业是否有责任感的评价基于对企业产品质量的认可。优质的产品或服务加上有竞争力的价格是获得消费者信赖的先决条件。用一个公式来计算，食品安全是 1，其余的都是在后面加 0。如果放在首位的 1 缺失，后面再多的 0 也都等于 0。如果最基础层的责任都未履行到位，质量出现问题，企业的大规模发展，带给社会的恐怕更多的是负面影响，阻碍社会前进。

尽管我们不能因为此次事件就全盘否定蒙牛曾经做过的公益事业，但消费者的怀疑也表明，企业只有在为社会生产合格产品的先决条件下，履行社会责任，企业公益才有意义，让人信服。

2. 蒙牛的破冰之局

蒙牛卷入奶粉事件，舆论一片哗然，公众的批判将矛头一致对准了蒙牛，程度甚至超过了三鹿或者伊利。蒙牛股市大幅缩水，在美国金融危机、美元贬值的背景下，蒙牛几乎遭遇外企强势并购。但他们真的不可原谅吗?

客观来讲，牛根生是有责任感的人，蒙牛为中国民众做了很多事情，一如既往的坚持不是一家虚伪的企业能做到的。中国其他企业家的支持也反映了他们对牛根生、对蒙牛的信任。再聪明的管理者毕竟也是人，不可能面面皆智，智者千虑必有一失。肯德基苏丹红事件同样让人战战兢兢，但消费者最终原谅了这个品牌，企业的有效处理换来了公众的重新信任。蒙牛的迅速声明与积极行动，在生产中的透明举措，都表明了企业对消费者负责的决心。

蒙牛此次危机揭示了企业领导者与企业信息分隔的弊端、企业在应对重大事件的公共沟通策略、专业的对外传播管理，尤其是紧急状况下的信息管理等方面存在的盲点和不足。因此，蒙牛必须加强危机处理能力，建立有效的应对机制，将应急管理当作一项常态的工作。

从根本看来，蒙牛需从此次危机中吸取教训，切实加强企业自身的修为，实现品牌理念与品牌行为的融合，严格把关质量，杜绝安全隐患，把研发、生产、检测放在开放平台上，承担大企业对自身发展和行业进步的双重责任，实现奶农、企业、消费者这条行业链的健康运作。

3. 民族品牌的出路

放眼中国市场，外国品牌在各个行业各项领域占据了重要位置，形成蚕食鲸吞之势。欧莱雅并购小护士，威士伯收购华润漆 80%股份，达娃之争，可口可乐收购汇源……民族品牌一旦成为外资底下的小兵种，未来发展岌岌可危。中国曾是世界上最大的大豆生产和出口国，随着外资涌卷，进口大豆以低于中国黄豆 0.20 元的价格进入中国，最终，这块巨大的市场被外国控制。

在如今经济全球化的时代，一种民族品牌不仅是经济的动力，甚至是一个国家的象征。保护和发展民族品牌，是一个国家和民族战略崛起的重要因素。作为一种曾让国人引以为傲的民族品牌，如果蒙牛被外资收购，短期内也许消费者会买到物美价廉的奶制品，但从长远看来，也许中国的乳制品市场会遭遇大豆市场同样的困境。本国没有强势品牌抵挡，外国资本长驱直入，中国牛奶市场的独立谁能保证？一旦外资控制了中国奶制品市场，也许，从某天起，我们所喝的牛奶价格将成倍增加。

因此，在灾难过后，探讨如何从灾难中重生恐怕比单纯地指责批判更加重要。我们更应该思考，中国民族品牌的出路在哪里。

（1）质量建设是关键。“奶粉事件”表明，在食品业，产品质量最终决定了品牌是否能长远发展。无论是内需还是外销，民族品牌要赢得市场站稳脚跟，打造质量是关键。中国出口的一些商品遭遇其他国家的壁垒，最根本的原因是质量难以让人满意。严格的质量控制是最终获取消费者信任的先决条件，在此基础上，企业方可实现生产链的良性循环，获取发展。

（2）树立民族品牌意识。部分不法分子只顾经济利益，忽视了社会公众利益；企业缺乏长期发展的战略眼光，使企业剑走偏锋，投机取巧，最终危害了社会也危害了企业自身的发展。另外，国内的某些企业并购即是企业为了脱离眼前的经济苦海而出售品牌，缺乏民族品牌意识，没有民族品牌的自我保护意识。这种不良风气加剧了民族品牌的衰退。因此，企业应当以发展民族品牌为己任，以长远的发展目光来思考企业的战略，严把产品质量关，从赢取国人的信任出发，立足世界市场。

（3）加强危机处理能力。危机在一家企业的发展过程中不可避免也难于预测，在危机面前，企业必须加强危机处理能力。本着承担责任的原则，首先及时给予补救措施，将消费者的损失降到最低；利用媒体正确引导舆论，尊重消费者的知情权，让他们了解事件的来龙去脉和企业的举措；找出问题产生的根本原因，从源头上遏制类似事件再次发生；与消费者深入沟通，借用权威尤其是第三方机构对现有问题分析，坦诚相待，重塑形象。企业应当建立长效的危机处理机制，迅速开展行动，只要处理及时，亦能得到消费者的谅解和重新认可。

所谓爱之深、恨之切，正因为消费者对蒙牛的关注和信任，才有了今天蒙牛面对的巨大危机。无论从我国乳业的独立性还是从民族品牌的发展来讲，蒙牛都不能让外资吞了江山。蒙牛的破冰之局要靠企业自身对产品的严格把关，更需要消费者的重新信任和支持。

如果我们把企业当成人，“智者千虑，必有一失”，此次危机给蒙牛甚至所有中国企业上了严肃的一课。蒙牛采取了及时、全面的措施，加强安全生产，确保质量，努力实践对消费者负责的决心。

“浪子回头金不换”，在中国乳业全面洗牌的情况下，但愿这次惨痛的教训能让蒙牛重新审视企业的发展战略，成为真正的民族品牌。

（张垠洁）

第六章

家乐福，迷失在奥运的“十字路口”

Carrefour

品牌背景

一、家乐福店名与商标

Carrefour在法语中是“十字路口”的意思。1963年开始营业的第一家家乐福，就在法国某地的十字路口旁，所以店名就叫“十字路口”。该店也是目前家乐福在世界面积最小的店面。

Carrefour是该公司的法文名称，翻译成中文写作“家乐福”，其意义是取“家家快乐又幸福”的意思，而这个名称就成为该集团在大中华区的中文商标。

Carrefour这个企业标志诞生于1966年，其设计概念取自法文商标字首“C”，“C”的右端延伸一个蓝色箭头，左端一个红色箭头，象征四面八方的客源不断地向着Carrefour聚集。

二、家乐福的经营模式

成立于1959年的家乐福集团是大卖场业态的首创者，是欧洲第一大零售商，世界第二大国际化零售连锁集团。现拥有11 000多家营运零售单位，业务范围遍及世界30个国家和地区。

集团以三种主要经营业态引领市场：大型超市、超市以及折扣店。此外，家乐福还在一些国家发展了便利店和会员制量贩店。

2008年，家乐福在《财富》杂志编排的全球五百强企业中排名第33位。家乐福除了销售世界著名企业的产品之外，还推出了自有品牌，详见表6-1。

表 6-1 家乐福自有品牌

品牌名称	品牌商标	涵盖产品的种类
家乐福	Carrefour 家乐福	食品和日化用品
福斯莱	FIRSTLINE 福斯莱	厨房家电、音响设备、影音设备
欧蕴	欧蕴 FRENCH TOUCH	家居服、T 恤、衬衫、裤子等纺织品

三、家乐福的成功秘诀

家乐福的成功在于精细、科学的管理，主要表现在六方面：选址的科学化，强大的商品管理机构，强大的电脑支持功能，简洁的组织结构、经营理念及高效的现场管理，完整的企业文化和强烈的防损意识。

1. 选址科学化

(1) 门店开在十字路口。Carrefour 的第一家店是开在巴黎南部一座小镇的十字路口，生意非常火暴，大家都说去十字路口，结果把店名给忘了。所以，后来十字路口成为家乐福选址的第一准则。

(2) 门店在商圈 3～5 公里范围内。这是家乐福在西方选址的标准。在中国的一般标准是 8 公里车程，消费者坐公车不超过 20 分钟的范围。

2. 强大的商品管理机构

这包括采购和商品管理两部分。

(1) 在全球采购商品，寻找那些：拥有出口权的厂商或出口公司；产品价格具有竞争力的公司 ；有良好品质保证（不是品牌）的公司；有大批量生产与供货能力的公司；有乐意学习新知识的欲望的公司。

(2) 建立强大的商品管理机构。公司设立商品部总监，管理 5

个商品部，即快速消费品、生鲜、日用百货、家电用品、纺织品。每个商品部设有总监，管理 7 个职能部门，即销售发展部、全国谈判部、业务发展部、价格部、品牌部、开发部、培训部。

3. 强大的电脑支持功能

家乐福电脑发挥着十一大功能，即订单管理、自动补货、收货、退还厂商、价格变动、店间移库、课部门间移库、库存调整、盘点、查询、报告（见表 6-2）。

表 6-2

销售查询（即时性）	销售额、销售量（从而算出平均价）、顾客数
商品流动报告	某种产品从生到死的报告（单品记录），包括这些商品的具体走向。它是寻找损耗原因的工具
自动补货报告	提供建议订单，供货商编码、定件数量、进价、售价、毛利率、赠品量件数、订到货天数、目前存货、在途商品量、每天每月平均销售、现月销售量、建议采购量
促销分析报告	促销商品、价格、当天销售量、销售额、前四周平均销售额
最大销售额分析报告（20％A 类商品如何管理）	单品、售价、排名、前四周占全店的百分比（前 500 名商品要占店营业额的 50％～52％，占不到，品种有问题）
每日变价报告	商品、销售量、旧价格、新价格、减价损失钱数、促销名称、时间

4. 简洁的组织结构

家乐福店铺由店长负责管理，店长有了，指定一名处长负责。另外有值班经理（处长或服务部门课长）。

5. 家乐福的企业文化

（1）经营理念：一次购足、超低售价、免费停车、自助服务、新鲜品质。

（2）企业使命：我们所有的努力是为了让顾客满意。我们的零售活动是通过对商品及品质的选择，提供最佳价格，来满足顾客的多变需求。

（3）企业资源：我们必须保持简单而明了的理念。为了在竞争中取得优势，最大限度地使用它。

（4）企业目标：国际化。

（5）企业价值观：关注顾客；积极主动；诚实正直；积极决策；参与管理；遵守承诺；树立榜样，团结合作，忠诚信实。

6. 强烈的防损意识

（1）日常损失防范（保安）队伍。如三米原则，即每位员工在你三米之内就问候顾客，非贼会认为有礼貌，贼会担心而放弃偷窃。如提包控制原则，即采取存包制度。

（2）周期盘点/大盘点。作出不流动商品报告（或条形码错、或丢等）、负库存报告（一查到底，找到原因）和进行免费赠品控制（单独控制）。

（3）审计制度。定期对商场日常营运主要环节进行核查。不向店长汇报，向总裁汇报。

四、家乐福的成长历程

1959 年，家乐福集团由付立叶和德福雷家族创建；

1963 年，家乐福首创了一种全新的业态——大卖场（Hypermarket）；

1970 年，家乐福股票在巴黎证券市场上市；

1989 年，家乐福大卖场首次在亚洲开业（中国台湾）；

1995 年，家乐福在中国大陆首开大卖场；

1999 年，家乐福与普美德斯合并，并成为欧洲食品零售的巨人；

2001 年，家乐福成为最国际化的零售企业，拥有超过 9 200 家商店，遍及 31 个国家和地区；

2004 年，家乐福在波兰收购 13 家大卖场，成为当地第二大零售商；

2005 年，家乐福宣布改变公司管理结构。

五、家乐福的股份组成

2007 年 3 月，全球最大奢侈品公司 LVMH 集团属下 Arnault 联合美国私募基金柯罗尼资本（Colony Capital）收购家乐福 9.1%的股份，成为家乐福第二大股东。

2008 年 3 月 5 日，全球第二大零售巨头家乐福集团的最大股东哈雷家族对外宣布，家族成员已达成一致，决定终止与家乐福集团间的股东协议，家族将不再整体持股，家族成员可以自由处置股份。在此之前，哈雷家族持有 13%的股份和双倍投票权，是家乐福的最大股东。详见图 6-1。

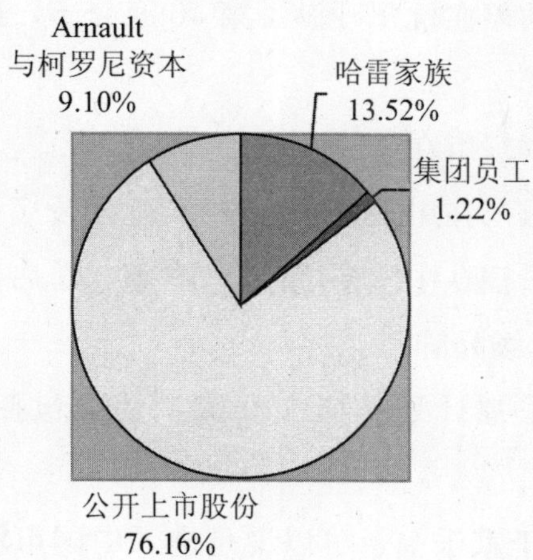

图 6-1 家乐福股份组成

案例介绍

1995 年，家乐福成功地开设了当时中国规模最大的超级购物广场——北京创益家店，产生了深远的影响。其新型的经营理念成功地被中国消费者所接受；其声誉卓越的专业管理技术和迅速赢利的业绩得到了中方合作伙伴的积极肯定；其“开心购物家乐福”和“一站式购物”等理念得到了广大消费者的青睐和厚爱。

家乐福在中国大事记：

1995 年，家乐福在中国开设了第一家大卖场；

1996 年，成功进入上海和深圳；

1997 年，进入天津；

1998 年，成功进入重庆、珠海、武汉、东莞；

2000 年，配合迅速发展的需求，家乐福开设了五家大卖场；

2001 年，家乐福积极声援 2008 北京申奥；

2002 年，家乐福在 20 个城市开设了 35 家大卖场，家乐福积极支持上海申博；

2003 年，家乐福在杭州开设了第 40 家分店，迪亚折扣店进入上海和北京；

2004 年，冠军超市在中国开设第一家分店；

2005 年，家乐福在中国重庆开设第 60 家分店；

2007 年，家乐福在中国新增门店 19 家，总店数达到 109 家，继续蝉联中国第一卖场品牌；

2008 年，家乐福计划扩店 130 家，其中包括在上海新增门店 5 家。

但 2008 年对于家乐福，可以说是进入中国市场以来最难熬的一年。从 4 月份开始遭到抵制；5 月份各地家乐福遭围攻，爆出家乐福与供应商矛盾日趋紧张的新闻；6 月份家乐福的 6 名员工因受贿获刑……特别是在奥运前遭到全国人民的抵制和围攻事件，给家乐福品牌形象造成了极大的创伤。

一、事件背景

2008 年是中国人期盼已久的奥运年，中国人要借奥运向世人展示一个正在崛起的中华民族的实力，展示国际化大都市——北京的时尚面貌，展示中国人的热情和自豪。中国人的民族自尊心和爱国情感在此时此刻达到了前所未有的高度。2008 年 3 月，正当奥运火炬在全球传递和平的信念时，遭到了藏独分子和西方个别人的抗议和破坏，使得奥运圣火几次被熄灭，极大地伤害了中国人民的感情。

特别是奥运圣火在法国传递时，个别法国人手持诸如“西藏人权”等旗帜，反对奥运会；企图抢劫中国残疾火炬手金晶手中的火炬；巴黎市政厅挂起了藏独旗帜；巴黎省议会绿党议员团主席想用灭火器熄灭圣火；巴黎授予达赖“荣誉市民”称号……

二、事件发展进程

1. 阶段一：网友号召“抵制法货”　家乐福声明无力

在奥运火炬传递遭到藏独分子干扰之后，法国主流媒体竟然不顾事实，发表了《火炬在巴黎惨败》、《给中国一记耳光》等文章，将奥运圣火在巴黎的传递形容为中国的“溃败”。中国网民被激怒了，立即采取相应的对策，公布了一份支持藏独的外资企业名单，其中包括众多法国品牌，如路易威登、兰蔻、欧莱雅、薇姿、家乐福等。网友们还指出，家乐福的大股东 LVMH 集团斥巨资支持藏独，号召大家不要去家乐福购物。“抵制法国货”的信息通过手机、MSN、QQ、BBS 等渠道迅速蔓延，大致内容为：“5 月 8－24 日，正好是北京奥运会的前三个月，所有人都不要去家乐福购物，哪怕是一瓶水也不要买，理由是家乐福的大股东捐巨资给达赖，支持‘藏独’。那我们现在就来抵制家乐福，为期与北京奥运会同长，前后 17 天。让他们看看中国人和中国网络的力量。请转发。”而响应者也甚众，据调查，有 70％的年轻人表示支持抵制家乐福。

在抵制法货的号召迅速蔓延的同时，家乐福中国区发表了声明，否认“家乐福支持‘藏独’”的说法，称这些传闻“完全是无中生有和没有任何依据的，家乐福将保留对恶意制造和传播上述谣言的组织和个人采取法律行动的权利”。并表示“家乐福集团始终积极支持北京 2008 年奥运会”。

声明全文如下。

家乐福中国对近日出现的一些不实传闻的声明

针对近日出现的一些有关家乐福的不实传闻，家乐福集团特此授权家乐福中国作如下声明：

作为一家在全球拥有员工 50 多万、在超过 20 个国家和地区从事商业经营活动的跨国企业，家乐福集团的宗旨是促进各个国家和地区的经济和社会发展。家乐福集团从来没有，将来也不会做任何伤害中国人民感情的事情。

有关家乐福集团支持个别非法政治组织的传闻完全是无中生有和没有任何依据的。家乐福将保留对恶意制造和传播上述谣言的组织和个人采取法律行动的权利。

家乐福集团始终积极支持北京 2008 年奥运会，在中国和法国倡议组织了形式多样的支持北京奥运的活动。目前，家乐福北京的各家超市正在为迎接奥运会而积极筹备。同时，作为北京市市长国际企业家顾问单位，家乐福集团衷心祝愿北京 2008 年奥运会取得圆满成功，家乐福集团总裁和家乐福中国区总裁兼首席执行官将荣幸地亲临奥运会开幕式，成为这一历史时刻的见证者。

家乐福中国区

2008 年 4 月 16 日

2. 阶段二：号召变为现实 家乐福反抵制

声明发出后，风波未见有平息的迹象，公众对于抵制家乐福的情绪依旧高涨。更有部分网友采取实际行动抵制家乐福。

(1) 网友现场示威。网友们的行动开始由网上转到网下。全国各地的家乐福门店前都聚集了多名网友，他们打出“抵制家乐福”、“支持奥运”、“反对‘藏独’”的横幅抗议。网友称自己的行动并非针对家乐福，抵制一天也只是为了表明一种态度，其目的是为了把中国人的声音传递给世界，“面对不公平的待遇，中国人还是会团结起来的”。

（2）客流量骤减。自从抵制开始后，家乐福人气大不如前。店庆促销的海报仍高高挂起，特价商品随处可见，但家乐福门店内都显得有些“安静”，客流量至少少了1/3。

家乐福也不甘示弱，推出三大举措反抵制。

（1）家乐福在官网上发布了一则公告，内容是家乐福将于“五一”期间开展大减价活动，消费者购买部分商品满500元将获赠250元抵用券。消息发布后网友和零售业内人士议论纷纷，认为家乐福以此作为对网上“抵制家乐福”言论的反抵制。结果家乐福在众多的议论声中悄悄取消了这一促销活动。

（2）员工换上“国旗装”。活动取消后，家乐福北京门店员工全部换上印有国旗和“beijing 2008”标志的红色“国旗装”，并以此来宣称支持奥运。

（3）刊登“支持奥运”广告。同时，家乐福在《新民晚报》等中国部分知名报纸上大幅刊登支持北京奥运宣传广告。广告标题为“家乐福全体同仁祝福北京”字样，并在文字中强调“我们已为奥运作好了准备”。还试图用一位中国员工的笑脸来打动消费者，称“永远做中国的企业公民”。

3. 阶段三：网友“围攻” 家乐福毫无“还手之力”

事情愈演愈烈，网友们选择以“围攻”的方式来表达自己的情绪。合肥的民众率先自发地在家乐福门店前聚集和游行，并高呼爱国口号，挥舞五星红旗，以这种方式和平地表达自己的抗议。游行迫使家乐福停业休整。网上随即出现大量的相关图片和新闻，此后在长沙、哈尔滨、济南、大连等地陆续也出现了此种众人“围攻”家乐福的事件。为避免出现过激行为，政府还出动大量警察维持现场秩序，用大型卡车保护家乐福门店。

面对众人的“围攻”，家乐福无计可施，只能暂时关起门店避风头。没有官方声明，没有记者发布会，更没有任何的致歉。而媒体大幅报道的最后总是写着无法联系上家乐福的相关工作人员。

4. 阶段四：政府出面平息风波

当“抵制家乐福”事件愈演愈烈的时候，《人民日报》发表了一篇题为《爱国主义如何更有力》的文章，表明了政府对此事件的态度。文章号召大家要“有责任、冷静和理智地表达爱国热情，合法有序地表达爱国意愿，以做好本职工作和刻苦学习的实际行动，维护社会稳定的大局，维护一个有利于中国和平发展的环境”。

随后，商务部负责人发表了欢迎家乐福支持北京奥运会的言论，各地受影响的家乐福也陆续恢复正常营业。

案例评析

一、事件影响

抵制事件至此终于告一段落，但该事件对家乐福品牌形象的伤害却是不可估量的。众所周知，这是一个品牌的时代，在竞争激烈的市场背景下，同质化的产品和服务决定了品牌的塑造才是一家企业的常胜之道。只有打造个性独特的强势品牌，形成稳定的品牌资产，才能增强企业的综合竞争力，使企业在市场上处于优势地位。而在抵制事件发生之前，家乐福在中国市场中是零售连锁品牌的领先者，借助它强有力的国际背景在中国迅速扩张。到 2007 年底，家乐福在中国的门店总数达到了 109 家，并打算在 2008 年扩店至 130 家。如此高速的扩张也从一个侧面反映了家乐福在中国良好的发展势头。但这次抵制事件给家乐福带来了巨大的影响，主要表现在以下几方面。

1. 财务上的影响

据业内人士保守估计，长时间的抗议和抵制使得卖场客流明显减少，抵制事件可能会造成销售额同比下降20%。虽然抵制事件过后仍有一些家庭主妇和老年消费者继续在家乐福购物，但是因为抵制的主力是年轻人，他们是家乐福客户群中消费能力较高的一群人，也是家乐福高利润商品的主要购买者，这就直接造成了家乐福市场占有率的下降，导致了经济上的损失。

2. 品牌资产受到伤害

在抵制事件中，家乐福被戴上了“支持藏独”的帽子，无论真实与否，在消息传出之后，家乐福之前的良好形象就消失了，但是家乐福对此并不以为然，除了一份“傲慢”的声明之外没有采取任何措施。甚至在抵制愈演愈烈的时候，还想用促销来挑战中国人抵制的决心。家乐福的做法伤害了消费者的道德规则和情感，不管之前这种品牌有多大的吸引力，最终都会被消费者抛弃，因为消费者的消费心理是复杂的，在民族自尊心和消费满足感之间，天平必然会倾向于道德尊严这一边。

在此事件中，家乐福的品牌形象严重受损，不管家乐福愿不愿意承认，有许多忠诚消费者的忠诚度因为这次事件而降低了；那些本来就不太忠诚的消费者，也会因为这次事件而选择不再消费。而品牌形象又是品牌资产的重要组成部分，所以，卷入这样一个政治事件，对于家乐福的品牌资产来说是极大的破坏。

3. 品牌原有的经济和战略上的优势大大降低了

此次抵制事件不单单给家乐福造成了损失，更可怕的是，它给家乐福的竞争对手们带来了机会。此前，在零售市场上家乐福一直紧跟沃尔玛稳坐第二的位置，身后紧跟着麦德龙、欧尚、卜蜂莲花和国内的华联、联华、新华都……现在，大批的消费者从家乐福转向竞争对手，无疑动摇了家乐福在市场上的领先地位。

二、采取措施及不足

纵观整个事件发展的进程，时间是一项非常重要的因素。如果此事发生在2007年或2009年，估计都不会有现在这么大的影响。2008年，举世瞩目的奥运会在北京召开，为了一圆这个百年之梦，中国作出了巨大的努力，倾注了无穷的心血，希望能够举办一届史上最好的奥运会。但中国人的圆梦之路并不平坦，2008年天灾人祸不期而至，南方冰灾、西藏事件、CNN辱华事件、外国媒体诋毁奥运的报道、圣火传递的境外风波……这些都极大地激发了中国人的民族自尊心和爱国情感，历史的屈辱和现实的诋毁使中国人愤怒了，决心要以行动把中国人的声音传递给世界，“面对不公平的待遇，中国人还是会团结起来的”。所以从这一点来看，家乐福在事件中的反应是不够及时和有效的。

1. 缺乏危机意识，处理危机不及时

2008年4月7日奥运火炬在巴黎传递时，抵制活动就已经出现，直到16日，家乐福才发出一份声明。抵制家乐福的帖子在网上流传了好几天，家乐福对此却茫然不知。最具有讽刺意味的是，家乐福华东区公共事务总监于剑在接受记者采访时说，他也是从上周日收到第一条“抵制家乐福”的短信才知道的。其对危机认识不足以至于此！而在知道危机之后，又没有在第一时间采取应对措施。一般来说，企业在发生危机后，应该在24小时内及时作出反应，而家乐福一直到4月16日才对外发表声明，但已为时过晚，危机已经扩大。

2. 对于危机估计不足

公众抵制家乐福的主要原因是因为路易威登－莫特轩尼诗集团涉嫌资助达赖集团，因为2008年中国人的民族情感上升到了空前的高度，发起抵制活动是一种典型的民族主义情绪宣泄。而家乐福则低估了中国人抵制的决心，希望用降价促销来瓦解中国人的团结，

这对中国人来说是莫大的羞辱，使得“抵制事件”进一步升级。随后，家乐福希望通过“爱国员工装”和支持奥运的广告转变自己的角色，把自己和路易威登一莫特轩尼诗集团区别开来，策略是可取的，但是公众的眼睛是雪亮的，深知根本问题没有解决。路易威登一莫特轩尼诗集团不出面说明，要取得公众的谅解是不可能的。此时，家乐福的这种做法就未免显得太幼稚了。

3. 声明的态度不诚恳

在其发表的声明中，没有提及其大股东路易威登一莫特轩尼诗集团。作为家乐福的大股东，对于资助达赖的问题自己不出面澄清事实，而让下属企业辩解，其态度之傲慢由此可见一斑。如此缺乏诚意，即使家乐福舌灿莲花，其效果都是苍白的。

（1）家乐福并没有回应其大股东路易威登一莫特轩尼诗集团涉嫌资助达赖的问题。人们知道，公司的大股东往往影响着公司的经营和决策，代表了公司的形象和利益。

（2）对网民进行恐吓并不适当。“保留采取法律行动的权利”这样的表述方式是不恰当的。网民的反应可能言辞比较激烈，但是用意良好，客观上是帮助家乐福，如果他们确实存在网民指出的问题，应该说清楚，讲明白，中国人民还是可以原谅他们的。用恐吓对待网民的爱国热情，是不理智的。

（3）回避对话于事无补。家乐福从头到尾，一直藏着掖着，很多媒体一直试图联系家乐福公关部，希望他们能够回答网民的疑问，但是一直联系不上。直到现在，他们发出一份答非所问的声明，对解决问题并无帮助。

4. 没有处理好与媒体的关系

对于媒体的报道，家乐福声明中说“家乐福将保留对恶意制造和传播上述谣言的组织和个人采取法律行动的权利”。从语气来看，似乎有种威胁的意味。还有个问题是，家乐福一直关闭交流管道，不主动与媒体联系发布官方信息。媒体没有找到合适的信息来源，只能转发其他的消息，所以问题一步步变大。此时的家乐福正处于“四面楚歌”的境地，媒体是其向外界传达讯息、恢复企业形象的最重要途径，如果再和媒体关系搞僵，无异于火上浇油。

三、建议应对方法

我们再来看看如果以处理危机事件的四项经典原则作为标准，家乐福应该怎样处理这场危机。

1. FFF（first time，first place，first person）：第一时间，第一地点，第一个人，即公司高层出面，第一时间到达第一地点

家乐福的管理层应该在事件发生的第一时间就召开新闻发布会或发出声明，争取在事件发生最短的时间内掌握住整个事件的话语权，而不是任由负面消息传播，扩大了事件的影响面。

2. PPP（people，people，people）：以人为本

考虑到 2008 年北京奥运会对中国人的重要性和网民愤怒的情绪，家乐福首先应诚恳地道歉，表达对伤害中国人民的感情的歉意，然后再表明自己支持奥运的立场，求得中国消费者的原谅。而不是以一副傲慢的姿态来指责“抵制”消息的传播者。

3. TTT（truth，truth，truth）：讲求事实

抵制事件中，家乐福大股东与达赖的关系是大家关注的焦点。如果家乐福的大股东真的资助了达赖，也应该及时承认，在这种紧要关头，表现出敢于承认的勇气。随后再表明自己与大股东立场的不同，并采取捐款、登广告或者“爱国员工装”等实际的措施让消费者相信自己的态度。

4. WC（we care）：我们在乎

因为在乎事件造成的影响所以家乐福应该及时出面解决，因为在乎消费者所以家乐福应该表现出诚恳的态度，因为在乎中国人民的感受所以家乐福应该及时道歉。

家乐福的处理不当客观上也给中国同行带来了机会，中国同行们如果能在战略上塑造支持中国的品牌形象，战术上表明爱国立场，同时做好服务，就是对家乐福的最大打击。比如发送一些“中国心”胸章，这样做不仅能够赢得消费者的认同和好感，还能获得许多免费的媒体宣传。

四、给国际品牌敲响警钟

此次的抵制事件对国际品牌是一个很好的提醒，因为近年来国际品牌屡屡伤害了中国人民的感情……

1. 丰田霸道广告

2003 年 12 月，《汽车之友》第 12 期刊出丰田霸道广告。一辆霸道汽车停在两只石狮子之前，一只石狮子抬起右爪做敬礼状，另一只石狮子向下俯首，背景为高楼大厦，配图广告语为“霸道，你不得不尊敬”。事件发生后，被网友群起而攻之。《汽车之友》杂志社随后公开道歉，以“政治水平不高”为由搪塞发布责任，丰田汽车也通过官方渠道对中国市场消费者进行了道歉。

2. 丰田陆地巡洋舰广告

2003 年 12 月，丰田陆地巡洋舰发布广告。该汽车在雪山高原

上以钢索拖拉一辆绿色国产大卡车（东风牌军车），拍摄地址在可可西里。事件进展同上例“霸道广告事件”。

3. 立邦漆“龙篇”广告

2004 年 9 月份的《国际广告》杂志第 48 页，刊登了一则立邦

漆“龙篇”广告作品。画面上有一座中国古典式的亭子，亭子的两根立柱各盘着一条龙，左立柱色彩黯淡，但龙紧紧攀附在柱子上；右立柱色彩光鲜，龙却跌落到地上。此广告招来网友的强烈不满，之后广告制作单位对立邦漆品牌和公众人士所产生的影响，表示“始料不及，深感遗憾”。

4. 耐克“恐惧斗室”广告

2004年11月下旬，耐克广告片“恐惧斗室”在央视体育频道和地方电视台播出。11月26日，《华商晨报》以《耐克广告“中国形象”被击败》为题报道了耐克广告涉嫌侮辱民族风俗一事，事情曝光后引来一片声讨。11月30日，耐克公司发表声明，称“恐惧斗室”广告宣扬了一种积极的人生态度。其中运用的各种元素都是一种比喻形式。广告已经过各道环节审查。12月3日，广电总局发出《关于立即停止播放“恐惧斗室”广告片的通知》。耐克公司也向消费者致歉，但未取消此广告全球发布的计划。

上述广告被视同为针对中国人而制定的攻击性广告。虽然所有涉案品牌都已经及时道歉、澄清，并针对广告进行了停播处理。但对国人情感造成的伤害以及对自身品牌造成的伤害，却在短期内难以恢复。

那么，为什么这些国际知名品牌，都会在广告的创意和制作上犯下如此愚蠢的错误呢？其中的主要原因无外乎以下几点。

(1) 品牌厂商执行人员和广告创意方对于中国的历史以及现在正在发生的标志性重大事件并不了解，处于完全无知的混沌状态，以闭门造车的形式想当然而为之。没有充分考虑到对中国人情感的尊重。像耐克、丰田、立邦漆这样的跨国品牌，其广告基本都由国际4A广告公司代理，4A公司最大的问题就是对中国特色的市场环境认知不够，对中国民众的心理把握难以到位。而国际公司自己对中国文化也没有足够的了解和认识，所以一次次地伤害了中国人民的感情。

(2) 企业的发展没有完全依附于大的政治环境，企业宣传策略并没有参考大的政治格局而制定，较容易触动政治神经。跨国品牌营销往往采取较为节省成本的全球化策略，容易忽视政治语境。这个问题绝不是营销广告流程的问题，想必跨国品牌在营销流程上是绝对不会犯如此低能的错误的。导致此种问题不断出现的根本原因是：在品牌营销的过程中，忽视品牌营销过程中的政治语境，政治语境如同文化差异一样，是在品牌营销的过程中客观存在的。尽管跨国品牌一向深谙与政府部门公关，但只见树木，不见森林。因为一旦出现大规模的抵制运动，政府也会迫于民众压力而对其进行谴责的。在这几次事件当中，有关部门就强烈要求其撤换广告并道歉。因此，品牌营销过程中的政治语境，与文化差异一样，必须引起跨国品牌的高度重视。

(3) 对于文化差异认识不足，危机公关意识不强。从前面的例子也可以看出，这种伤害民族感情的事件不是第一次出现了。外国品牌一而再、再而三地犯同样的错误，说明他们还是对文化差异没有足够的重视。危机公关意识也不强，问题出现时毫无准备，所以才会不知所措。

总而言之，一种国际品牌想要在中国长期发展，必须要尊重中国消费者的文化，因为消费者的疾愤往往会导致消费的逆向选择。所以，尊重一个国家的文化是一种品牌在这个国家经营的根本。

结后语：

完成这篇文章之时，因为法国总统萨科奇执意要会见达赖，中国推迟了参加中欧峰会的日期进行抗议，但最终还是没能阻止此次会见。网络上已开始有“抵制法国货”的声音，不知道这一次中国消费者会怎样对待家乐福，家乐福又会怎样应对。

（吴雅菲）

Twelve Wounded Brands
in the Olympic Year of 2008

第七章

康师傅：深陷多重门，品牌救赎之路安在？

品牌背景

一、康师傅品牌起源

在祖国大陆对台商开放政策启动不久，台湾地区魏氏四兄弟捕捉到祖国大陆的商机并开始投资祖国大陆，正如孟子所言“天将降大任于斯人也，必先苦其心志，劳其筋骨，饿其体肤，曾益其所不能……”他们开始的投资事业并非一帆风顺，前后投资的各家企业纷纷以失败告终。

1988 年，大哥魏应行从香港转道来到内地给了他翻身的机会。一次出差，魏应行因为不习惯火车食品，就自带了两箱台湾地区产的方便面，没想到引起了同车旅客的极大兴趣，大家都觉得又好吃又方便。于是，在分析了祖国大陆的方便面市场后，四兄弟再次振作，并给准备投产的方便面起了一个响亮的名字——“康师傅”。“康”是指健康的意思，“师傅”二字在中国北方是对人的一种尊称，同时也是指在某一方面具有特殊造诣的人才。将“康”与“师傅”连接起来，既可以让人以为是“一名康姓的在制面方面特别有造诣的人制作出的方便面”，也可以理解为“以健康为己任的企业”。它具有亲切、责任感、专业化的内涵，而“康师傅”三个字叫起来朗朗上口，特别有亲切温暖的感觉。康师傅 LOGO 独有的敦厚可亲、热情展开双臂形象，让许多中国顾客熟知与喜爱。

1992 年，“康师傅”第一碗红烧牛肉面在天津开发区诞生了。从此，康师傅方便面伴随着“香喷喷，好吃看得见”的承诺飞进了千家万户，一时间“康师傅”成为消费者心目中方便美食的代名词。

二、康师傅品牌发展壮大

从1994年开始，康师傅相继在广州、杭州、武汉、重庆、西安、沈阳等地设立生产基地，并在全国形成了一个区域化的产销格局。康师傅在完善产销体系的同时，其投资领域也不断扩大，从方便食品事业发展到包括糕饼事业、饮品事业等多个事业领域。产品种类由原来的两三种发展到目前的百余种。集团方便食品事业部分年产方便面近100亿包，是目前世界上最大的方便面生产企业。如今，康师傅系列产品不仅行销全国，并出口至美国、加拿大、新加坡、西欧及俄罗斯等国家。康师傅纯净水、绿茶、乌龙茶、果汁饮料、八宝粥、“3＋2”夹心饼干、米饼等产品亦在国内同类产品中名列前茅。时至今日，总投资额为24.69亿美元，全国员工数达4.5万余人，共有50余家生产基地，360余条生产线，年缴税15.85亿元。

1. 康师傅具体产品线

（1）方便食品。包括康事业部，如红烧牛肉、香辣牛肉、麻辣牛肉、麻辣排骨、辣旋风、海陆鲜汇、亚洲精选、酱香传奇、东北炖、油泼辣子、酸香世家、江南美食、本帮烧、山珍海烩、老火靓汤、千椒百味、蒸行家、油辣子传奇、陈泡风云、面霸、干拌面、面食八方、好滋味、劲爽拉面、点心面；福事业部，如金牌福满多、超级福满多、福香脆、福满多、一碗香。

（2）饮品。包括冰红茶、劲凉冰红茶、绿茶、鲜の每日C、矿物质水、甜蜜一族康果汁、酸梅汤、实粒派、茉莉香茶、大麦香茶。

（3）糕饼。包括妙芙蛋糕、3＋2夹心饼干、咸酥夹心、甜酥夹心、美味酥、蛋黄也酥酥、蛋酥卷、彩笛卷、乐芙球、珍宝珠、巧芙派、米饼、五谷珍宝。

（4）冷藏食品。包括健百分、贝思缇、味全每日C、味全优酪乳。

2. 康师傅整体产业全国分布

康师傅全国分为八大区域，分别是华北区、华南区、华东区、华中区、西北区、西南区、东北区及上海地区。

福建	广州
方便食品 福建顶益食品有限公司	方便食品 广州顶益食品有限公司
饮品 福建顶津食品有限公司	饮品 广州顶津食品有限公司
	康师傅（广州）饮品有限公司
	糕饼 广州顶园食品有限公司

三、康师傅品牌定位

1. 方便面

据 ACNielsen2007 年 12 月的报告指出，以销售额为基准，康师傅于中国方便面市场占有率已上升至 47%，“康师傅”已成为中国方便面的代名词。企业多年来一直不断致力于方便面口味的开发，康师傅方便面除了生产适合大众口味的方便面以外，更是针对一些地域的饮食习惯，推出了许多具有浓厚地方风味的方便面品种。在西南地区如四川、云南、贵州有香熏腊肉、风味泡椒、水煮牛肉、麻辣火锅、麻辣牛肉、酸菜牛肉等方便面。在中南地区如湖南、湖北等地有豉汁排骨、爆椒牛肉、酱香红烧肉 、椒香牛肉、豉香辣排等能让人吃出湘菜风格的方便面。在上海、宁波等东部地区有葱烧排骨、铁板牛肉、鱼香肉丝、红烧明虾、蟹粉狮子头、东坡红烧肉、八珍牛肉面等口味较为清淡但吃起来却十分爽口的方便面。而在广州、深圳则有老火褒猪骨、花旗参炖乌鸡、蟹黄鲍鱼、冬瓜褒老汤、蚝油捞面等海参、高汤类的方便面，不仅吃出海鲜风味，还能一享粤地高汤的口感。

2. **饮品**

康师傅持续推广茶系列产品，以口味延伸及差异化策略构建茶专家形象，进一步巩固康师傅茶饮品的龙头地位，现有口味有康师傅冰红茶、冰绿茶（任贤齐、张惠妹、陶喆代言）、绿茶（林志颖代言）、茉莉清茶（董洁代言）、大麦茶（金城武代言）、蜂蜜柚子茶……据AC Nielsen2007 年 12 月最新零研数据显示，以销售额为基准，康师傅茶饮于中国即饮茶的市场占有率已上升至 51.9%，稳居首位。

在果汁饮料方面，康师傅先后推出了“每日 C”果汁饮料（葡萄、苹果、鲜橙、水蜜桃等口味）、劲跑功能饮料、柠檬茶、番石榴汁等产品。康师傅于 2005 年初才开始扩大生产的矿物质水，在 2007 年表现优异，取得 15.4%的市场占有率，成为市场的第一品牌。

2008 年 10 月 24 日，国际市场研究业者 AlixPartners 的最新中国大陆消费者调查显示，台资食品大厂康师傅在非酒精饮料类产品中，一举超越百事可乐与可口可乐，为祖国大陆民众最信赖的该类品牌。

3. **糕点**

先后以台湾地区偶像组合 S. H. E 和飞轮海代言的夹心饼干市场占有率为 25.6%，居市场第二位。此外先后推出的妙芙、彩笛卷也在祖国大陆市场取得不俗的成绩。

2007 年，康师傅品牌连续四年获得由英国 INTERBRAND 负责调查的“台湾十大国际品牌”大奖，康师傅品牌价值也由 2006 年的 4.12 亿美元增加至 2007 年的 7.26 亿美元，比 2006 年成长 79%，连续两年居十大品牌价值成长率之冠，并被授予成长之星奖。

此外，1996 年 5 月餐饮事业群并购“德克士”事业，正式进入西式快餐连锁经营领域。10 年来，相继投资 5 000 万美元，为建立一种最受中国人欢迎的西式快餐而努力。餐饮事业目前在全国 30 多个省份已拥有780多家连锁店，旗下拥有德克士炸鸡连锁店、康师傅私房牛肉面馆两大品牌。

四、康师傅矿物质水异军突起

2007年，瓶装饮用水市场格局发生了戏剧性的变化：2004年才上市的康师傅矿物质水，凭借康师傅的知名度与矿物质水的名称以及“多一点，生活更健康”，仅用一年半的时间就挤入了三强之列。2008年的夏季，康师傅矿物质水更是一举超过了多年的行业老二——农夫山泉，直逼娃哈哈霸主宝座，甚至在5月份单月销售额首次超过娃哈哈成为冠军，其销售气势如虹无人可及，最终成为市场霸主指日可待。

究其成功的原因有：农夫山泉近10年来的消费者教育成果——矿物质水比纯净水更健康的理念被康师傅矿物质水轻易窃得，且康师傅在包装上以更明显的方式告知消费者，更易获得消费者的认可；作为快速消费品，消费者基本不会去探究一些名称上的差异，如矿物质水与天然矿泉水的差别，基本将它们等同起来；打出响亮的广告“多一点，生活更健康”直逼娃哈哈，暗指比娃哈哈纯净水更有利于身体健康，轻易地被消费者接受；凭借康师傅优质的渠道网，轻而易举地进入消费者的视野；银色蓝色的包装给人以品质感。此外，竞争对手的状况也为康师傅提供了可趁之机：娃哈哈为与达能的官司疲于奔命，无暇顾忌市场的维护；农夫山泉为自己的高成本所累。

案例介绍

一、康师傅深陷“水源门”

1. “水源风云”缘起网络

2008年7月24日，一篇名为《康师傅：你的优质水源在哪里？》

的文章发表在天涯社区上，其后在网上广为传播。文章作者称曾潜入康师傅位于杭州经济技术开发区 4 号大街 27 号的生产基地，考察后发现该基地附近根本没有所谓的“优质水源”，唯一的自然水源就是污染严重的钱塘江，于是该网友判断“康师傅要么用自来水加工，要么用脏兮兮的钱塘江水，绝对没有它所说的‘优质水源’”。

一石激起千层浪，文章一出即被广泛转载，消费者对康师傅矿物质水的安全的拷问随之浮出水面。众多消费者开始纷纷质疑康师傅矿泉水的水质问题，众多网民抨击指责康师傅涉嫌虚假宣传。康师傅矿物质水一夜之间成为众矢之的，不少网友戏称康师傅为“诓师傅”。

2. 各路媒体推波助澜

（1）2008 年 8 月 6 日，金融界网站发表了《康师傅矿物质水水源竟真是自来水》。该报道称，8 月 5 日康师傅方面向《每日经济新闻》承认，其杭州生产基地所生产的矿物质水确实是城市自来水净化而成的。相关报道立即引起消费者的广泛关注，各大论坛媒体对此事件都予以了充分的关注。下面摘取部分网友留言。

· 造假需严惩

2008-08-06 21：57：52 金融界网友 IP：61.149.93.

康师傅矿泉水造假，没人性。可恶！可悲！国家职能部门应责令其下架，并取消生产许可。

· 被欺瞒多年，谁对消费者健康负责？

2008-08-06 15：07：04 金融界网友 IP：222.83.34.

我们上当这么多年了吗？康师傅厂家能为我们这些饮用过他们水的人的健康负责吗？

2008-08-06 10：24：03 金融界网友 IP：117.34.249.

我也受骗了，专喝矿物水的我，竟被骗了多年。不再消费康师傅了。

· 监管失职也应反省

2008-08-06 18：54：25 金融界网友 IP：124.118.197.

知名企业，能长期使用虚假广告，谁的责任？虚假广告现在仍然那么多。经济领域出现的错误就是经济损失，必然由企业自己承担责任，那么监管失责，是否也要对老百姓有个交代？

以上留言在一定程度上表达了广大网友消费者对于此事件的态度。

（2）8 月 6 日，康师傅就其旗下的矿物质泉水水源问题发表声明称：康师傅生产的饮用矿物质水，是以纯净水为基础，再添加符合食品添加剂与营养添加剂等国家标准的矿物质原料，水质完全符合国家标准 GB 10789 饮料通则中有关“饮用矿物质水”品类的定义。“我公司国内各生产基地，均以严格的生产工艺，在国家标准相关规范下制成具有全国一致标准的矿物质水系列产品，请消费者安心饮用。”

（3）康师傅方面表示，公司已于 8 月 7 日停播了那则引起消费者不满的广告，也调整了广告宣传语，同时设计新的瓶标，新包装瓶身产品也陆续上市。

（4）此后，该事件争论的焦点集中在“自来水是否是优质水源”。

面对涉嫌虚假宣传的指责，康师傅看起来很“淡定”。一来，矿物质水和矿泉水原本就不同，矿物质水就是在纯净水的基础上人工添加了少量矿化元素制成，是一种人工仿矿泉水。二来，康师傅说的是“选取的优质水源”，“优质水源”就是自来水，并没有说“选取的优质矿泉水源”。毫无疑问，在应对涉嫌虚假宣传问题上，康师傅“防御”得很严密。

行业协会表示，企业有虚假宣传之嫌。“把自来水称作‘优质水源’的表述是不实的。”上海饮用水行业协会秘书长刘玉兰认为，康师傅的这则广告有虚假宣传之嫌。她指出，自来水是管道水，不是山泉水、矿泉水，它的“水源”在哪里？因此算不上“优质水源”。

农夫山泉市场部的陈文杰也表示，“‘优质水源’指的是天然的、无污染的水源，康师傅矿物质水是城市自来水接出来的，那么‘优质水源’从何谈起呢？”

广大网友显然也并不认同自来水是优质水源的说法。天涯网友“雁度千山”更是针对广告词中的“选取”二字对康师傅进行了强烈斥责：“按照字典上的解释，‘选取’是经过甄别、区分之后作出的选择，有舍劣取优的含义，从法律层面上来说，康师傅在这里用‘选取’就已经站不住脚了，因为自来水是最基本的饮用水源，根本没有‘选取’的必要。”

（5）随后的时间内，全国各地的康师傅矿物质水部分商场下架——济南、广州、呼和浩特等地相关报道称，涉案康师傅矿物质泉水纷纷下架，其销量明显受到此事的影响。

（6）各地媒体针对“康师傅事件”的报道。

8月8日，《都市时报》题为《回应康师傅事件 昆明企业与矿物质水划清界线》；

8月8日，《齐鲁晚报》题为《康师傅矿物质水遭济南部分商场下架处理》；

8 月 15 日，《中国企业报》题为《记者超市目击：康师傅矿物质水 15 分钟一瓶未卖》；

8 月 13 日，《杭州日报》题为《自来水变矿物质水追踪：监管部门要求康师傅纠正广告词》；

8 月 27 日，《新闻晨报》题为《康师傅水源事件引质疑：自来水能否称瓶装饮用水优质水源》。

（7）8 月中旬，工商部门介入调查。

（8）截止到 8 月 25 日的新浪网上看到“康师傅遭遇水源门”的调查，其中有超过 80％的消费者表示不再信任康师傅矿物质水品牌，有 82.61％的人表示不再购买康师傅矿物质水，赞同康师傅矿物质水下架的比例达 79.88％。

（9）8 月 27 日，央视《第一时间》栏目在援引《每日经济新闻》的报道时如是评论：“康师傅水源事件，使康师傅品牌受到了很大的影响，很多百姓觉得自己上当受骗了……”“这也提醒我们的生产企业，群众的眼睛是雪亮的，立业还需靠诚信为本。”

3. 尘埃落定？

9 月 2 日，康师傅控股有限公司邀请京津地区的媒体，首次就矿物质水产品广告中标示“选用优质水源”一事向消费者公开致歉，声称：“在推广过程中，公司的思路并没向消费者报告清楚，造成认知上的差距，导致部分消费者和媒体对于‘优质水源’的误解，康师傅为此表示遗憾与抱歉。并在上月停播了相关广告，亦调整了广告宣传语，并在上周五修改了瓶标用语，目前，‘优质水源’字样已从新瓶标上消失。”同时，致歉活动将陆续在全国举办。

对于康师傅的道歉，据相关调查显示，20.0％的公众认为有诚意，16.4％的公众明确表示“没有诚意”，63.6％的公众表示“看不出来”。9 月 8 日，康师傅爆发“水源门”后首度重新开放工厂，无意考虑停售有关饮用水。

康师傅，这位称霸国内水饮品行业的龙头大佬，正经历着一次品牌诚信危机。某门户网针对“康师傅水源门”的调查显示，80%左右的网友表示不再信任康师傅品牌。事件也远远没有随着康师傅的一纸道歉而结束，它的冲击波依然在蔓延……

二、被指“伪造产地”，康师傅又陷“标签门”

1. 事件回放

举报者称，康师傅控股有限公司在上海生产销售的康师傅矿物质水，标签上却注明生产者是杭州顶津食品有限公司；“地址”一栏标识为杭州经济技术开发区 4 号大街 27 号，实际生产地址却是上海市松江工业园区锦昔路 180 弄 C6～C9 号。举报者认为，这一行为属于伪造产品产地，并作出引人误解的标识以误导消费者，严重违反了《中华人民共和国产品质量法》、《中华人民共和国反不正当竞争法》等相关法律法规。

2. 结果

9 月 2 日，康师傅就“产地门”进行了澄清，称产品标签上只标注公司地址，是符合国家相关法规规定的。

三、网友曝康师傅茶饮料里发现“水母”

1. 事件回放

《重庆商报》6 月 20 日报道，茶饮料里发现了螺旋状物体，网友戏称其为“水母”。网友罗恩克劳德在网上发帖，引出网友对厂家的一片责骂声。在大渝网美食吧和天涯重庆论坛都看到该帖，该帖已引起上万网友关注。

2. 结果：合理范围赔偿受害者

康师傅重庆分公司品管部负责人陈海金说，对于网友提出的康师傅茶饮料里发现异物一事，目前，疑为装车、卸货等流通环节出现失误。他说，在流通环节，由于水瓶的碰撞等原因，难免偶尔会出现瓶内进入氧气，由于饮料内营养丰富，遇到氧气后会缩短保存期限，便会生成螺旋状的杂物。

四、方便面生虫事件

1. 事件回放

2008 年 10 月，有网友发帖爆出康师傅方便面发现活虫，该消费者向厂家索赔 60 万元，引起网友的广泛关注。仅在搜狐社区，该帖子截至 12 月 1 日的阅读量为 24 995 次。

2. 结果

11 月 16 日，康师傅控股有限公司就该事件发表了相关说明，将进一步与该消费者进行沟通，并通过合法程序认真妥善地处理此事。生虫原因初步分析可能为原料在运输的过程中包装出现破损造成原料局部受污染所致。康师傅立即将新疆石河子厂生产的该批产品进行回收并检核。

2008 年可谓康师傅集团的多事之秋，产品从水饮料、方便面多条产品线接连出现问题，一时间康师傅品牌处于四面楚歌。这些事件也暴露了其内部管理存在较大的漏洞，加之当前网络的迅速传播，整个系列事件对康师傅品牌造成的极为恶劣的影响，引发了广大消费者对企业诚信与产品品质的质疑。康师傅可谓已经走在悬崖边上，其能否完成品牌的自我救赎让我们拭目以待。

案例评析

一、2008 年聚焦食品安全问题

古人云“衣食住行”，可见“食”在我们生活中的重要地位。食品安全关系到现实生活中的每户家庭，与每一个人的生命安全都息息相关，比其他质量问题更令人担忧……随着经济的发展，人们开始日益关注自己每天的饮食，于是自己吃进肚子的食品是否安全便成了人们不断询问的问题。随着新闻媒体社会监督功能的不断完善，众多食品加工的真相逐渐走进人们的视野。

一系列触目惊心的食品安全事件，让我们不敢再从容下筷。有的人死了；有的人患重病了；而有的人由于记忆中曾经的某几次进餐，陷入了永无休止的担忧焦虑之中……

下面，让我们看一下近几年来触目惊心的食品安全问题。

1. 2005 年

(1) 苏丹红事件——这次是辣椒酱，下回是咸鸭蛋。

(2) 立顿速溶茶风波——产品无罪引发标准质疑，中国人的命不如外国人的命值钱。

(3) 光明回收奶事件——凸显过期食品监管隐患。

(4) 雀巢奶粉碘超标事件——呼唤建立问题食品召回制。

(5) 广东潮安果脯遭“封杀”事件——“株连”是难躲避的市场法则。

(6) 雀石绿风波——禁令不能成为一纸空文，执法不严、有法不依是问题关键。

(7) PVC 保鲜膜可能致癌风波——食品安全标准应与国际接轨。

(8) 哈根达斯无证作坊事件——洋名牌并不等于高质量。

(9) 三鹿“早产奶”风波——行规和常识发生碰撞。

2. 2006 年

(1) 可乐含苯——洋品牌误导青少年，肝脏不好建议少喝。

(2) 福寿螺致病——餐饮业缺乏监管。

(3) 毒猪油事件——浑浊可能是混杂油。

(4) 美国“毒菠菜”、加拿大“毒胡萝卜汁”——洋品牌进入中国被同化。

(5) 瘦肉精中毒——买肉要选有瘦有肥“五花肉”。贵是贵，还不放心。

(6)“苏丹红”咸鸭蛋——触目惊心，群体行为，主要销售市场居然是首都北京。

(7)“嗑药”多宝鱼、有毒桂花鱼、问题老虎斑——吓得无人敢问津，广州人吃得多。

3. 2007 年

(1) 龙凤与思念问题速冻食品深圳撤柜——速冻食品引起广泛关注。

(2) 上海星巴克售过期苹果汁——又一个顶级品牌让我们心寒。

(3) 五粮液幸运星糖精超标——喝下的都是什么啊。

(4) 北京王致和豆腐乳被指保质期内发霉——保质期到底是什么。

(5) 味全食品旗下奶粉被查出致病菌——试问企业良心。

(6) 台湾婴儿配方奶粉检出致病菌——心寒啊。

(7) 香港的 Godiva 朱古力遭停售——推崇膜拜的产品。

(8) 乐事薯片等 23 种进口食品抽查不合格——进口食品敲响警钟。

(9) 南昌：统一方便面吃出烟头——生产过程令人堪忧。

(10) 浙江义乌：多美滋奶粉中出现小蛆 ——谁为我们的健康买单。

4. 2008 年

2008 年对于中国而言是意义非凡的一年——改革开放 30 周年，奥运盛典在北京隆重上演。可以说，2008 年是中国扬眉吐气向国外展示自身形象的绝佳时机，也是中国向世界上交一份完美答卷的时刻，整个 2008 年中国是世界的聚焦点。

近几年，中国逐渐发展成为世界的加工厂，是一个制造业大国，世界各地都可以看到中国产品的影子。然而，由于各国的安全质量标准不同以及中国企业自身的问题，中国产品在国外屡次触礁，掺假的感冒药、可怕的宠物饲料、挤出防冻剂的牙膏、堪忧的玩具、受污染的鱼、有毒的药片等，“中国产品”在国外逐渐沦为质次价低产品的代名词，许多国外的消费者甚至形成了“中国产品恐惧症”。伴随着中国食品出口国外不断引发质量问题，国内的食品安全问题频频引发，中国的食品安全问题逐渐引起世界的关注。

2008 年初的日本“毒饺子”事件更是将中国的食品安全推上了风口浪尖，也又一次引起全世界对中国食品的关注。8 月的奥运，中国食品以怎样的形象展现给世人？然而就在奥运的前夕，康师傅矿物质水却爆出“水源门”事件，虽然问题的焦点集中在产品广告涉嫌虚假宣传，却也给中国食品行业以重创。

9 月 11 日，卫生部调查证实，石家庄三鹿集团生产的婴幼儿配方奶粉受三聚氰胺污染。然后，陆续发现国内多家知名乳粉生产企业的乳粉及部分液态乳中也含有三聚氰胺。

2008 年无疑成为中国食品安全年，食品行业也开始遭受前所未有的信任危机。“三鹿毒奶粉”事件无疑将媒体与公众的视线从康师傅这里转移开，但是“水源门”事件给康师傅的重创显然并没有结束……

二、康师傅品尝“滑铁卢”苦果

康师傅接连发生的食品安全问题让中国民众脆弱的神经再次绷紧，人们不断拷问康师傅作为中国食品行业的龙头老大的企业诚信以及对消费者的责任问题！

康师傅矿物质水“水源门”事件于七八月份在各大网络与媒体上被炒得沸沸扬扬，并随着奥运会的开幕不断升温。最终以中国最高级别媒体中央电视台对其点名批评与企业的道歉收场。

然而，事件远没有随着康师傅的一纸道歉声明而结束，其后康师傅又接连遭到“标签门”、“新疆生虫事件”等接连重创。这些接二连三的事件对于康师傅的影响可谓剑剑封喉，主要表现在如下方面。

1. 品牌信任危机

“康师傅”这三个字曾经备受信赖，牛肉面、绿茶、3+2夹心饼干、味全每日C……它的产品渗透我们的日常生活。但“水源门”事件是康师傅的一场噩梦，以往的光辉形象黯然失色。因“水源门”事件而对康师傅重新审视的消费者并不在少数，现在，康师傅已被消费者戏称为“诓师傅”。

这场事件无疑让康师傅陷入一场前所未有的“品牌信任危机”。先让我们看下面一组数据：当得知康师傅矿物质水取水于自来水，公众的态度是什么？调查显示，52.2%的公众感到“震惊，竟然一直在喝加工过的自来水”；44.1%的公众表示“难过，没想到大品牌也有诚信问题”；43.2%的公众表示“愤怒，感觉受到了欺骗”；也有18.8%的人“平静接受”，认为“天然优质水源本身就稀少”；只有3.7%的人表示可以理解，希望以后注意”。

品牌犹如一个人，其在社会中要得到他人的尊敬与信任，诚信是一项最为基础的条件。而作为当前食品行业龙头老大的康师傅，显然在诚信方面是缺失的。其现在不仅仅是简单的广告误导宣传，问题的关键既不是所谓的自来水到底是不是优质水源，也不是该水是否存在安全隐患，关键是消费者心理的落差难以填补，即一直以来对康师傅品牌信任有加，出于“康师傅”三个字而购买其矿物质水，而最终结果却是这些水竟然来自自来水。这犹如被一位自己一直以来信任有加的朋友背叛欺骗一样，很多人对其产生深深的失望感，甚至以后对其敬而远之。康师傅品牌信任感的重建，重新赢得消费者的忠诚度与美誉度依然任重道远。

由于一直以来康师傅集团众多产品均是以“康师傅”命名，这种单一品牌策略在产品上市初期确实可以利用已有的品牌知名度与美誉度使产品快速被消费者所接纳，减少产品上市的阻力。然而，其最大的弊端就是其中一条产品线出现问题，很容易影响到其他产品线，这也是康师傅当前所遇到的最大的问题。水源问题影响的已经不仅仅是矿物质水，而是整体的以康师傅命名的产品。

水源事件后接二连三出现的各种问题，并被各路媒体将事件无限扩大，不禁会使消费者深深质疑康师傅这个品牌帝国，不明白以其在业界的地位为何接连出现如此低级的错误。

2. 销售额的下滑

众多普通消费者在不了解关于矿物质水生产过程以及其他相关知识的情形下，大部分人会抱着“宁信其有、不信其无”的心态，从而减少对康师傅矿物质水、甚至其他康师傅产品的消费，而选择其他相关品牌产品。同时，随着该事件的不断蔓延，原本对康师傅并无反感的一些消费者群体，也开始出现消费信心的动摇。

事件出现后，康师傅借用饮用水协会的声音表示其产品是安全的，是符合国家规定的。然而该事件对其产品销售量的影响是显而易见的，因消费者对康师傅品牌的不满情绪与时激增，在山东济南的部分商场，康师傅矿物质水已经下架；在江西南昌，该水销售也已大受影响；在深圳、上海等各大超市卖场，尽管康师傅矿物质水仍在继续销售，且还被摆放在非常显眼的位置，但几乎各家都在大搞促销活动。金融界网站对有 1 571 人参与的调查显示，70.91%的被调查者认为康师傅卖“自来水”是欺骗行为，会因此抵制康师傅矿物质水；19.03%的被调查者态度不明朗；10.06%的被调查者没有因此受到影响。

如今，涉嫌虚假宣传的广告早已撤下，“优质水源”标签也被换成了新的“健康饮水新概念”，但康师傅要想重新回到饮用水的第一阵营，还需要时间。

3. 竞争对手的打压

关于康师傅“水源门”事件的制造者，当前坊间盛行的一种说法是该事件由农夫山泉一手炮制。这种情形下，在康师傅遭受媒体与消费者责难之时，其竞争对手乘虚而入、重新确定水市场的排序也就不言而喻了。

在康师傅四面楚歌之际，竞争者纷纷不忘“落井下石”。8 月 21 日，有关“康师傅水源是自来水、存在安全隐患问题”的传单开始在深圳街头散发；8 月 31 日，成都街头也有传单散发。就在 9 月初，《羊城晚报》报出深圳华强西、皇岗一带竞争者派出大量业务员为各士多店派发“水源门”事件的报纸复印件的新闻。

据一些媒体报道，就在康师傅为该事件买单——在各大商场纷纷开展降价促销之机，其他品牌并未给其喘息机会，也纷纷跟进，采取了不程度的促销手段。

康师傅面临的将是一个异常寒冷的冬天。

四、透视事件背后

此次“水源门”事件看似是因为各大制水业企业的水源之争，其背后也隐藏着深层次的原因。

1. 食品安全危机的一次大爆发

多年来，众多食品安全事件的爆发已经深深影响到消费者对于食品安全的信心。此次作为消费者信任有加的知名品牌——康师傅，居然爆出“其宣传的优质水源来自日常饮用的自来水”的消息，自然会引起消费者的广泛关注。

2. 对危机后果估计不足

爆料的帖子在各大论坛博客网站以病毒的速度飞速传播，加之部分传统媒体的介入，在短时间内该事件就在社会上引起广泛的关注。

加之康师傅采取的危机公关较为缓慢且缺乏诚意，并引起央视的点名批评，最终造成今日的后果。

3. 产品本身的缺陷

一种品牌要赢得市场赢得消费者，其最为基本的是本身要有过硬的品质，这是品牌金字塔的基础，也是最为关键的一环。而在这方面，康师傅明显是缺失的，行业协会的一纸声明并不能消除消费者的担心与愤怒，其毫无诚意的道歉也不能换来消费者的原谅。

4. 对品牌的影响

此次危机对康师傅带来的负面影响已经非常明显。首先，人们看到的是部分商场下架，或者康师傅降价促销，这还只是一种显性的危害，很容易通过业绩和销售体现出来。但更为严重的隐患在于，它极有可能对消费者心理预期派生出不良的暗示。这种不良暗示表现为：其一，康师傅这样国际性的企业的产品也会有“质量”问题；其二，矿物质水是不值钱的。

此次水风波，毫无疑问是消费者对康师傅所持的清新、时尚、可信形象良性认知的一次颠覆性打击。如果说销售数量可以用准确数字衡量的话，但对于消费者消费信赖的打击程度几乎是难以估算的。对该品牌矿物质水的心理恐惧会在相当长时间影响到该品牌旗下的所有产品，成为影响消费购买意愿的负面因素。

正如多数人对康师傅的未来预测的那样，在消费信心不足的市场情境下，其业绩以及美誉度必然会无可挽回地下滑，这种下滑对于一直谋求股票上市的康师傅来说，一定是一处拖延整个进程的硬伤。

5. 康师傅相关应对、不足以及建议

康师傅在此次事件中所作的对策有如下方面。

（1）声明道歉。8 月 5 日，康师傅开始承认其水源来自于自来水，8 月 6 日发表产品安符合国家标准的声明，将问题的焦点集中在自来水是否是优质水源的争论上。于 8 月 7 日停播了那则引起消费者不满的广告，也调整了广告宣传语，同时设计新的瓶标，新包装瓶身产品也陆续上市。新调整的包装将“优质水源”改为“健康饮水新概念”。9 月 2 日，康师傅正式向消费者道歉。

（2）产品降价促销。康师傅矿物质水在全国各地各大商场均采取不程度的降价促销活动，以此维系其在饮用水市场的地位。

（3）聘请一些权威行业人士进行说明性澄清，并且开始在各地媒体打出各种形式的说明性软文。以期在一片对康师傅怒讨声中，发出一丝对康师傅事件的理性思考以及对康师傅有利的言论。

（4）开展水源公益活动。10 月 24 日开展“关注水环境 康师傅启动水资源公益提案竞赛”，增加与青年学子的接触，为企业挖掘新人才，在落实企业社会责任的同时，也兼顾配合公司发展，使生态环境与企业一起达到永续经营的理想状态。

康师傅在此次事件中的不足之处有如下方面。

（1）反应过于迟缓。直到 8 月 6 日，康师傅才就“水源门”作出正式声明。道歉更是姗姗来迟，到 9 月 2 日即危机发生一个多月后才作出道歉声明。由于信息不对称，《康师傅：你的优质水源在哪里?》帖子让消费者陷入对康师傅矿物质水的迷惑与质疑，随后媒体的报道又铺天盖地而来，公众急需康师傅说明真相。然而，康师傅并没有在最短的时间内给消费者一个满意的答复，公众对其更为不满，康师傅遭遇了严重的信任危机与品牌危机。

（2）缺乏诚意。从声明到道歉只是一味为自己辩解，缺乏诚意，如辩称“无论是使用自来水、地下水或其他天然水，都符合国家标准 GB 5749‘生活饮用水卫生标准’”。这样的自我辩护既没有消除公众的疑虑，字里行间反而透露出理直气壮，没有表现出消费者所期望的歉意。这次事件中，消费者显然受到双重背叛：一是感情上的。消费者一直相信康师傅的矿物质水像广告上说的“选取优质水源”，没想到，所谓“优质水源”，就是大家洗衣、洗脚都在用的自来水。二是价格上的。一吨自来水几元钱，可一瓶矿物质水少说也要几角钱。康师傅显然没有针对这两种情绪给予消费者以安抚。

（3）缺乏与媒体的沟通。媒体本应是企业在危机事件中最应争取的对象，他们的口径也在很大程度上决定企业的处境。然而无论是网络媒体还是传统媒体，康师傅并没有很好地与其进行沟通，任凭负面信息四处流传愈演愈烈，正面的声音一直很少出现，直至被央视点名。

(4) 与竞争对手关系恶劣。在遭遇此次事件后，并没有与相关企业进行沟通，以求共患难，赢得消费者对矿物质水的认可，反而遭到同行们的落井下石。

笔者认为，这次事件值得吸取的教训有：

(1) 建立相应的预警机制，对相关的危机事件作好充分的准备，而不是在危机来临时采取鸵鸟政策。

(2) 反应迅速，积极把握住网络的声音，在意见领袖的有效疏导下，遏制事态的迅猛发展。

(3) 学会利用媒体进行公关，尤其是报纸与电视媒体，与事件发源地的网络相比，他们更具有公信力，更能赢得公众的信任。

(4) 尽快和相关部门建立对话通道。依靠行业协助发出有利于企业的声音，利用权威的声音为企业正名。

(5) 负责而有诚意的道歉。人非圣贤孰能无过，知错能改，善莫大焉。对于诚实负责的知名品牌，大多数消费者还是宽容的。

6. 对饮用水行业的影响

康师傅矿物质水危机无疑已经引发了一场饮用水行业的大地震。

(1) 整个行业面临信任危机。面对各路来势汹汹的质疑，康师傅方面承认，其杭州生产基地所生产的矿物质水确实是城市自来水净化而成的。同时也透露，用自来水加工生产矿物质水在业内已成普遍现象。这对消费者而言无疑是一项无法接受的事实，也深深地影响了消费者对饮用水市场的信心。经过此次事件，不少消费者愤怒地表示，看来自己平时烧的白开水是最安全的，近期不会购买瓶装水。当众多消费者对饮用水产生怀疑时，这对整个饮用水市场而言无疑是场灭顶之灾，要重建消费者的消费信心无疑是项巨大的工程，单凭一家企业显然力不从心。

(2) 消费者更加理性。为了应对激烈的市场竞争，各种新兴的瓶装饮用水概念也是应运而生。简单的饮用纯净水被冠以各种概念，

"天然矿泉水"、"蒸馏水"、"碱性钙离子水"、"超氧水"等水概念层出不穷。水源地也是商家标榜的卖点之一，不少企业打出"岩层矿物质水"、"深层湖水"等标签。经过此次事件，消费者显然会变得更加理性，不会单纯因为概念而去购买。

（3）行业的重新布局。康师傅一直在饮用水市场上表现出色，占有15.4%的市场份额，此次事件中显然受到重创。其他宣称矿物质水的企业无疑也受到牵连。消费者在购买中无疑会小心翼翼，对于品牌的选择慎之又慎。单从竞争品牌而言，像农夫山泉之类的水源来源明确、有pH值标识的企业无疑是最大的受益者。

7. 事件反思

（1）对企业公信力的拷问。康师傅作为一家如此知名的企业，居然做出如此置消费者利益于不顾的事情，显然没有很好地履行自己的职责，也没有很好地回报消费者一直以来对它的信任与支持。作为一家企业一种品牌，其成功均是来自于消费的认可与支持，唯有坚持高品质的质量，对消费者负责、对社会负责，才能取得成功。现在，对于食品安全犹如惊弓之鸟的消费者究竟还敢喝什么？大的企业尚且如此，更何况众多小企业。

（2）相关部门的失职。康师傅"水源门"事件的暴露也同时证明，相关的市场监管存在某种漏洞。单从其广告语宣传失误而言，试想类似于康师傅这样的广告用语在市场还有多少？这也是相关的市场监管机关应该亟待反思的问题。同时，该事件是网友最先爆出来的，反观以前其他影响较大的食品安全事件也多数非监管部门查处，那么相应的各种监管部门的不作为实在值得思考。食品安全关乎每个人的生命安全，监管部门责任重大。

（3）呼唤行业标准的出台。目前，国家标准并没有严格规定瓶装水必须要用什么水源，这项标准也很难定，只要处理工艺完善，达到质量要求，人体可以饮用就算达标。由于我国关于食品标签的相关法规还很不完善，对于标签需要注明的信息没有统一的标准，所以一直以来都是厂家自行根据利益需要对所标注的内容进行取舍，消费者知情权受到损害。反观国外也有自来水加工的瓶装水，但是瓶贴上会明确地标示“来自市政用水”。很遗憾，我们至今未曾在国内瓶装水上见到这样的字词。同时，国家还应出台一些强制标准，比如“矿物质水”必须要标注水源来自“自来水”或其他，以区别“矿泉水”。而对于故意利用概念陷阱误导消费者的，不妨给它来个消费警示提醒，只有这样，才能更好地保障消费者的权利。

结后语：

对于生产企业而言，对于存在严重问题的食品而言，揭露出来的问题或许只是冰山一角，但至少表明了社会在不断进步；对消费者而言毕竟也是一件好事——可以少选择一种存在质量问题的食品。生产企业则要增强责任意识，以高度的责任感对消费者、对社会负责。

（王丽丽）

Twelve Wounded Brands
in the Olympic Year of 2008

第八章

刘翔个人品牌的伤与痛

品牌背景

“身穿耐克运动服，脚蹬奥康皮鞋，左手拿可口可乐，右手端伊利牛奶，用VISA卡结账买一盒安利纽崔莱，然后钻进凯迪拉克轿车里用联想电脑上网……”这个描述刘翔2008年的商业赞助的“段子”，幽默而形象。它也折射出刘翔代言品牌之多。在体育营销蔚然成风和吸引眼球的注意力经济时代，“第一飞人”刘翔个人品牌的商业价值奇高也就不难理解了。

2006年，由中国品牌研究院专业评估发布的“2006中国个人品牌价值百强榜”中，姚明以11 331万元的个人品牌价值排在总榜第一位，刘翔以4 424万元名列第九位。据介绍，该榜主要以媒体版面价值作为主要考核要素，并辅以品牌系数、代言指数、公益指数等专业工具进行数值修正得出来的。研究者认为，个人品牌价值实际上是个人商业价值的综合体现，是无形资产。刘翔的个人品牌价值在众多代言商家的哄捧之上一路飙升，那么刘翔的个人品牌是如何造就出来的呢？

一、刘翔品牌的树立

1. 刘翔品牌的树立过程

刘翔个人品牌的树立与其辉煌的运动生涯是密不可分的。刘翔缔造了一连串纪录，包括：中国首位男子田径奥运会冠军；110米栏历史上首位集奥运会、世锦赛和世界纪录于一身的大满贯选手；亚洲历史上首位直道项目的男子世界田径锦标赛冠军。根据刘翔取得的一系列比赛成绩来看，其个人品牌发展经历了以下几个关键点。

（1）刘翔品牌起步期。在雅典奥运会之前，刘翔已经崭露头角，在2002年的国际田联大奖赛中以13.12秒的成绩打破110米栏世界青年纪录及亚洲纪录；同年，在釜山亚运会中以13.27秒的成绩获得冠军；次年，在世界田径锦标赛男子110米栏中获得铜牌，一跃成为世界顶尖跨栏运动员。但是此时刘翔还没有引起人们太多的关注。当时，两大国际顶尖品牌耐克和可口可乐抱着押宝的心态以50万元的低价签约刘翔，结果证明他们的眼光是正确的。从当时的签约价格来看，刘翔此时的个人品牌价值还较低，还没有形成全面的品牌效应。

（2）刘翔品牌形成期和转折期。2004年8月27日，在雅典奥运会男子110米栏项目的决赛中，刘翔完美地表现了自己的技术，以接近三米的优势率先冲过终点，最终以12.91秒的成绩夺得金牌，打破了奥运会纪录，并追平了科林·杰克逊在1993年创造并保持11年的世界纪录，为中国夺得了首枚男子田径奥运会金牌。赛后，中国体育代表团团长袁伟民评价这块金牌是中国代表团在雅典奥运会上夺得的“含金量最重”的金牌，刘翔也因此成为该届奥运会闭幕典礼中国的持旗手。并且在雅典奥运会上，刘翔是唯一一位能够在田径赛道上击败美洲和欧洲选手的亚洲男子运动员。雅典奥运会成就了刘翔个人品牌，不仅使得刘翔的知名度急速上升，而且随之而来的曝光率和美誉度也使刘翔个人品牌的价值扶摇直上。雅典奥运会的金牌，让刘翔的身价水涨船高，达到2 300万元。从百万级突破到千万级，刘翔只用了不到1年的时间。

（3）刘翔品牌低迷期。2005年，刘翔成绩比较一般，商业收入方面受到明显影响，个人品牌价值也有所缩水。

（4）刘翔品牌高峰期。从2006年打破世界纪录到2008年奥运会之前，刘翔的身价一路飙升，各大品牌纷纷签约刘翔成为代言人。2006年7月11日，刘翔在国际田联超级大奖赛洛桑站男子110米栏决赛中，以 12 秒 88 的成绩打破了已尘封 13 年之久的世界纪录。2007 年 8 月 31 日，刘翔在大阪世界田径锦标赛男子 110 米栏决赛上克服了被分在第九跑道的不利因素，凭借其强劲的实力外加个人良好的心理素质，最终以 12 秒 95 的成绩获得冠军，成为该项目奥运冠军、世界冠军和世界纪录保持者集一身的大满贯得主。而随着奥运年的来临，刘翔的商业品牌价值呈现出快速提升的趋势。在奥运会开始之前，中国田协负责品牌开发的一位人士就曾说过，刘翔现在的商业价值至少在 6 亿元，如果他能够在北京奥运会上卫冕，个人品牌价值 10 亿元也打不住。2008 年的刘翔身上共背负了 14 个品牌，其中一级品牌 5 个，包括耐克、可口可乐、伊利、VISA 和安利纽崔莱，代言价格 2 000 万元；其他 9 个品牌为二级品牌，代言价格在 500 万元到 1 000 万元不等。粗略计算，其身价每年递增超过 50%。

2. 刘翔品牌的特点

体育的最大魅力在于，它可以完美地呈现出人类追求“更高、更快、更强”的挑战、拼搏以及不断突破人体极限的精神，刘翔在田径场上辉煌的运动成绩无疑正是这种精神的写照，而这也是刘翔品牌的基础。归根到底，刘翔作为一名运动员，其本身的运动成绩及其所体现出来的运动精神是其个人品牌的立足点。在此基础上，刘翔品牌还包括刘翔本人的形象特质、精神内涵以及个人魅力。在人们眼中，他集健康、活力、坚韧、勇气和信心等多种优秀品质于一身，具有社会宣示与教育的重要价值。具体来说，刘翔实际在公众的心目中，一直保持着热心公益、温和有礼、修养极高、绝少绯闻的形象，是个“生产偶像”。

二、刘翔品牌的管理

目前，刘翔的商业活动主要由国家田径管理中心负责安排，中国田协负责与商家谈判刘翔的代言或广告事宜，收入则由中国田协和刘翔分成。中国田协在为刘翔选择代言商家时，首先看重的是企业和品牌的美誉度、消费者的满意度；其次是产品要符合刘翔的形象，最后是企业必须具有强大的实力。

三、刘翔代言的品牌

根据 CTR（央视市场研究股份有限公司）2008 年 2 月 1 日公布的数字，刘翔是 2007 年代言品牌最多的明星，代言品牌多达 14 个。

细数这 14 个品牌，包括安利纽崔莱、维萨（VISA）、伊利、耐克、交通银行、联想、中国邮政、元太、奥康、杉杉、双钱、升达、白沙以及中国移动通信。从 IT 到医疗保健、从金融到乳品、从服装到邮电通讯，飞人的身影出现在各个领域，担子实在不轻。另外，这些品牌和企业既有一级品牌，如耐克、可口可乐、伊利、VISA 和安利纽崔莱，也有众多的二级企业。刘翔代言品牌不仅数量多，行业跨度大，而且品牌级别也是参差不齐。详见表 8-1。

表 8-1 刘翔代言过的部分品牌

耐克	中国移动
案例纽崔莱	奥康
VISA	凯迪拉克
伊利	白沙
可口可乐	杉杉
交通银行	中国平安
中国邮政 EMS	元太
联想	千里马汽车

四、刘翔品牌与代言品牌

相关度是企业在选择体育明星代言时所要考虑的一项主要评价标准。相关度可以包括运动项目与行业的相关度，比如烟草行业就很难与什么运动项目具有相关度。更重要的相关度是运动项目所具

备的运动精神和体育明星的形象、个性与品牌形象和个性所具备的相关度。

为什么刘翔如此备受商家青睐？这“火”的背后就是其个人品牌的魅力，及其所代表的努力、拼搏、进取的体育精神。如果所代言品牌的主张与此不符或者违背，那对企业和代言人都将是损伤。刘翔所代言的品牌是否都与其个人品牌形象相符并且相互提高、相互促进呢？让我们来看一下。

1. 代言品牌多

刘翔在 2007 年代言了 14 个品牌，这些品牌横跨服饰、金融、邮政、地板、IT、烟草等行业，不得不让人惊叹体育明星代言的无所不能。纵观刘翔代言的这些品牌，运动类的产品或品牌无疑是与其个人品牌形象最为契合的行业，也是消费者最容易产生信服的代言品牌。如耐克。其他行业如金融、邮政等可以通过诠释或表达刘翔品牌中所蕴涵的精神为诉求点建立关联点，让消费者产生信服感。烟草行业的代言是刘翔品牌代言中最大的败笔。其与刘翔品牌形象中的阳光、健康的元素构成了直接冲突。

2. 代言频繁

频繁的代言削弱和稀释了刘翔的品牌影响力。AC尼尔森消费者研究的调研结果显示，让消费者印象深刻的奥运明星广告分别有刘翔代言的可口可乐（62%）、伊利牛奶（29%）和耐克（28%），姚明代言的中国联通和可口可乐（均为48%）以及郭晶晶代言的可口可乐广告（36%）（见图8-1）。根据AC尼尔森的调查，分别有15%和13 %的消费者将刘翔和百事可乐、蒙牛广告联系在一起。鉴于刘翔频频代言国内外各种品牌，消费者的这些错误印象并不出人意料。频繁代言不仅对刘翔的个人品牌形象造成了稀释作用，在消费者心目中形成过多的印象，对代言企业来说，刘翔代言品牌过多不利于消费者的认知。由图8-1可知，消费者对刘翔代言品牌认知度最高的是可口可乐、伊利和耐克，其他众多商家的认知度却远远没有如此理想的效果。不但不利于消费者的认知，而且会造成消费者的认知错误，如分别有15%和13 %的消费者将刘翔和百事可乐、蒙牛广告联系在一起，使得企业在花费一番财力、物力后，免费为竞争对手“做嫁衣”。

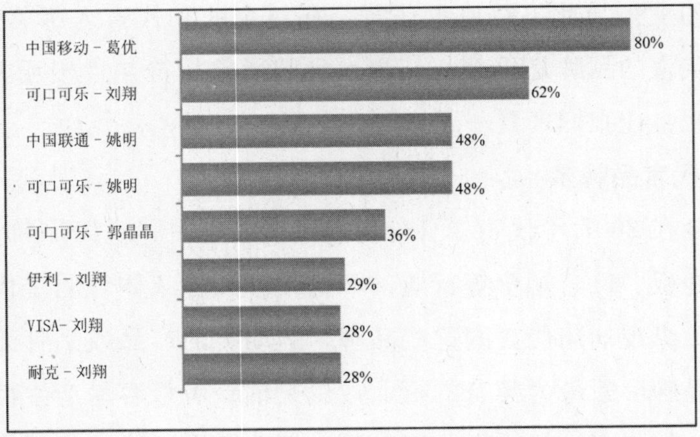

图8-1 明星代言品牌认知度排行

3. 代言品牌过滥

从刘翔个人品牌的角度来说，代言品牌不仅过多，而且过滥。

代言品牌中既有一级品牌，如耐克、凯迪拉克、VISA 等，也有众多二级品牌。企业选择奥运冠军做代言，最理想的状态就是企业和奥运冠军能双赢——奥运冠军利用自己的影响力为企业品牌增彩，企业利用自身的媒体属性为冠军做最大价值的传播。因此，代言是企业和冠军的一种互相传播，在传播中也要体现企业和冠军之间的互动性。

体育明星在选择代言产品时，要有一定的选择标准——选择那些与个人品牌可以互相提升、互相促进的品牌。如果没有任何门槛地向所有广告主都伸出橄榄枝的话，最终会不利于个人品牌价值的提升，反而会损耗品牌价值，给个人品牌带来负面的影响。因此，品牌与代言人之间的作用是相互的，好的代言人不仅能够促进企业品牌形象的认知和提升，高端的企业品牌也可以为个人品牌塑造高端、正面的品牌形象。刘翔作为中国田径史上百年一遇的人才，本来完全有机会将其个人品牌形象打造成体育明星中的高端精品，可惜在对各大品牌“来者不拒”之后，其品牌形象已很难再与高端品牌联系在一起，过多过滥的品牌代言无疑对其个人品牌形象造成了极大的负面影响。

在众多代言品牌中，代言白沙集团又是错中之错。

（1）刘翔作为一位奥运冠军，其阳光、健康、拼搏、进取的形象深入人心，代言烟草集团不仅与其个人品牌形象完全冲突，而且使得刘翔的公信力和权威性大打折扣。公信力和权威性是个人品牌形象中最核心的元素，失去了公众的认可，也就没有了权威性，那么个人品牌也就失去了立足点。

（2）刘翔拍摄的白沙广告，被认为代言烟草而产生负面的影响，工商总局以烟草广告为由查处停播，负责刘翔市场开发、帮助刘翔把关的中国田径项目管理中心市场开发部却保持了缄默。反观姚明的“姚之队”对其品牌价值维护则是全方位的，无论是协调媒体不要炒作“续约”，还是智取可口可乐官司，索取 1 元钱赔偿，都体现了专业营销、专业执行的价值和魅力。

4. 没有从国际化角度打造个人品牌形象

刘翔个人品牌形象的打造没有站在国际化的角度上来考虑。负责刘翔市场开发、帮助刘翔把关的中国田径项目管理中心市场开发部显然缺乏国际性、战略性的长远眼光，仅仅将刘翔个人品牌形象的塑造束缚在国内，大大浪费了“第一飞人”的品牌资源。

案例介绍

一、刘翔退赛——第 29 届奥运会的最大冷门

北京奥运会男子 110 米栏第一轮初赛于 2008 年 8 月 18 日上午举行，是刘翔参加北京奥运会的唯一一场赛事，他被分配在第六组第二道。由于同组其他六位选手相对实力较弱，教练孙海平在赛前预计，刘翔只要跑出 13 秒 50 左右的成绩就晋级。但刘翔在场地内备赛的时候脸上流露出的痛苦表情让人禁不住为他捏了一把汗。当时所有人料想的结果只有两种：输或者赢。但让全国人民乃至全世界人民错愕的是，就在比赛的前夕，刘翔慢慢转身，用手撕下了他刚刚贴上去的参赛号码，缓缓地走出了场地，上届奥运会冠军刘翔暂时告别了他为之奋斗四年的梦剧场——他退出了比赛！当大会广播说刘翔退赛时，全场爆发出巨大的惊讶和叹息之声！他们无法相信眼前的这一切，许多人都忍不住哭了。事实是残酷而不容回避的：刘翔在辉煌的职业生涯里，遭遇了他第一次临场因伤痛而退赛的困境。

刘翔因伤退出比赛后，随之而来的舆论攻势喧嚣尘上，一时间，愤怒、同情、伤心、支持等多种声音通过媒体表达出来。对于刘翔退赛的原因也是众说纷纭，更有甚者传言刘翔退赛与其所代言广告品牌有关。一度在网上流传的一篇帖子《刘翔退赛真实原因——来

自 NIKE 的消息》声称，刘翔退赛是迫于广告主的压力……人们已经不再关注谁是 110 米栏的冠军得主，而是将全部目光投向了与刘翔退赛相关的各种消息。

而其所代言的各种品牌的一举一动也为人所关注，耐克、伊利等品牌都在第一时间纷纷表示支持，但是联想等众多公司却纷纷撤下了以刘翔为主角的广告。这中间，耐克的反应速度最快，是所有广告商里第一个重新以刘翔为主角制作广告的。当日下午，耐克公司发表简短的官方声明："刘翔一直是中国最杰出的田径运动员之一。耐克为能与刘翔紧密合作而感到自豪。在此时，我们理解他的感受，并期待他伤愈复出。"随即，第二日凌晨，以刘翔退赛为题材，主题为"爱运动，既使它伤了你的心"的平面广告伴随着各报社"刘翔退赛"的头条消息，出现在华东、华南、华北各地区的主要都市报的头版位置。

二、退赛对刘翔个人品牌的影响

退赛对刘翔个人品牌的影响无疑是致命的。有人估计，由于退赛，刘翔个人的损失将超过 1 亿元，但最重要的是，对于刘翔本人来说，更深层的影响将是其自身品牌价值的大幅度缩水以及对其个人品牌形象所带来的负面影响。

1. 退赛对刘翔品牌价值的影响

退赛所带来的个人品牌价值的大幅度缩水是确凿无疑的，只是缩水多少的问题而已。赛前曾有人大胆预测，如果刘翔北京奥运夺金，金牌带来的经济价值高达 4.8 亿元；但若不能卫冕，其商业价值半年内将至少缩水 1/3。那么，连奥运会都没有参加的刘翔，虽然众多企业迫于公众压力、社会责任和企业形象，纷纷表示理解和支持，但是如若刘翔在短时间内不能恢复原来的状态，无疑他将会成为商家的"弃儿"。其个人品牌价值的缩水幅度在目前来看仍然是小范围的，最为关键的仍然要看刘翔伤势的恢复情况，以及其后的体育价值。

2. 退赛对刘翔品牌形象的影响

刘翔宣布退赛后，根据央视的调查，当天的收视率有了戏剧性的变化。根据AGB尼尔森的数据，从11时开始，CCTV－1的收视曲线开始前所未有地一路飙升；11时40分，刘翔出现在跑道上，CCTV－1的收视率一度高达7.53%，是过去9天同时点收视率的3.5倍，几近于当晚黄金时间的最高收视率。而在刘翔退赛后的5分钟内，CCTV－1的收视率下降超过一半。之后，CCTV－1与CCTV奥运频道于12时30分左右同时直播了刘翔伤情新闻发布会，半个小时的发布会收视率分别高达6.18%与5.79%。

由此可以看出，退赛之前，公众对刘翔的关注度是极高的。经过戏剧性的退赛之后，公众对刘翔品牌形象的看法也有了戏剧性的变化。“刘翔有伤不是错，退赛也没错，错的是他不该瞒着大众。”某位网友的话代表了那些有被欺骗感的人的心理。公众感到被骗也不是没有道理的。在奥运开始前，一边是铺天盖地的“刘翔版”广告考验我们的耐性，一边是刘翔的信誓旦旦与轻描淡写的伤情，如果不是这次伤情“突然恶化”，人们可能永远不会知道他伤得有多严重，而刘翔还是那个打不倒压不垮的“飞人”。因此，众多观众质疑刘翔退赛是迫于商业利益的挟持，由此引发了对于刘翔代言的各大品牌的关注。

3. 退赛对刘翔代言品牌的影响

奥运会前，人们对刘翔在2008年的表现有着极高的关注，卫冕冠军几乎成了唯一的目标，许多商家更纷纷押宝刘翔。刘翔退赛，也如同推翻了第一块多米诺骨牌，带来了连串的商业影响。

（1）直接商业损失。早在奥运开赛前，刘翔代言的多种品牌巨头就已经制作了大量的广告，其代言活动涉及的广告投放超过5亿元，计划从8月18日起在电视、报纸、户外、互联网等媒体平台投放，务求将刘翔的商业价值发挥到极致。但在刘翔退赛后，这些营销计划不得不搁浅。而且众多企业还要使出浑身解数进行危机公关，在公众高关注度以及品牌高卷入度的情况下，如何应对公众的质疑并将对品牌的影响降到最低是众商家的当务之急。更有人对退赛后的刘翔以及代言品牌的损失进行了估计——刘翔个人的损失将超过1亿元，而赞助企业将减收超过30亿元。

（2）代言品牌形象损失。刘翔退赛后，民众对退赛原因的关注远远高于比赛本身，进而危及代言品牌的形象。由于刘翔代言品牌过多，民众纷纷猜测是出于商业原因而退赛，进而对刘翔代言品牌的关注度也达到了前所未有的顶峰。虽然事后刘翔出面澄清退赛是因为伤病，但仍然难以说服众人。另外，刘翔退赛后，因为其商业价值大幅度缩水，对于他与代言企业的合作，公众也是表现出了极大的关注。企业如果在此时危机公关做得不到位，那么对企业和品牌形象的影响更是致命的。如联想和耐克在刘翔退赛后所采取的两种截然不同的策略，就对两者的形象产生了根本性的影响。

案例评析

一、个人品牌大幅度缩水的原因

刘翔退赛所带来的品牌价值缩水是不可避免的，关键在于为什么刘翔退赛在民众之中会产生如此大的影响。坦率地说，刘翔退赛，民间是有一些微词，但主要集中在质疑事件背后的商业动机上，质疑“刘翔隐瞒健康状况”有没有受到商业利益的挟持。

这其实就是一种信号，刘翔代言的品牌显然超出了“受众的心理负荷”，过高的曝光率已经让受众产生心理疲惫，受众对“刘翔过多代言品牌”的逆反心理需要一种诱因引发出来，既使刘翔不退赛，也很有可能在今后会以其他事由连带出来。类似明星广告代言、曝光过度、无法辨识广告代言人与代言品牌的高一致性引发的品牌危机，其实在刘翔退赛之前就曾有过不少先例，只不过不像这次波及的大品牌如此之多、影响如此之大而已。下面，让我们具体分析一下原因。

1. 品牌商业价值缩水

企业在选择明星代言人或者体育明星代言人时一般遵循几项原则，包括知名度、相关性、美誉度、影响力等。刘翔品牌的商业价值之所以缩水，与刘翔退赛后其美誉度、影响力、职业生涯的可持续性等息息相关。

（1）职业生涯的可持续性。品牌代言一般有一个基本的商业周期时长，这就要求体育运动员的运动生涯和运动成绩具有一定的持久性、稳定性以赢得持续的知名度和关注度，这一项也是体育明星代言的一项非常重要的评价指标。刘翔因伤退赛，且不论其退赛给商家带来的损失，体育运动的不确定性使商家很难决定刘翔是不是还值得他们投入如此多的财务和精力。

（2）美誉度是基于知名度基础之上的对于体育明星的一种更高的要求，美誉度高的体育明星作为社会公众人物，具备更大的社会影响力。退赛之前，虽然刘翔代言品牌较多，但总的来说民众对其美誉度还是较高的。刘翔退赛之后，舆论一片哗然，虽然同情理解者居多，但是对刘翔品牌的影响力和美誉度的影响还是致命的。在这种情况下，商家不会与一位美誉度处于下降期的明星签约。

（3）知名度，不仅是体育明星本人的知名度和曝光度，也包括体育明星所在的体育项目的流行度和知名度。刘翔退赛前后知名度是不相上下的，甚至后者更甚前者。但是居高不下的知名度对企业来说却未必是好事。由于初期刘翔退赛的原因不详，民众纷纷将原因归结为是迫于代言品牌的压力。此时代言品牌的一举一动都处在民众的监督之下，稍有不慎，对企业品牌形象的影响就是致命的，如联想与耐克在刘翔退赛后所采取的截然不同的策略就使得民众对两者的关注度和品牌态度产生了截然不同的影响。

刘翔退赛事件发生后，刘翔的关注度瞬间爆发；事后，关注度下降较为缓慢。但是在如今这个信息爆炸的时代，对刘翔退赛事件的关注会逐渐淡出人们的视线，找到其他关注的替代品。因此，如果刘翔的职业运动生涯就此结束的话，刘翔的知名度、影响力会不可避免地逐渐淡去，对企业来说也就没有了任何商业价值。因此，退赛事件发生后，刘翔的商业品牌价值缩水是不可避免的。

2. 品牌公众形象缩水

(1) 公众感觉被骗，对其产生了不信任感，直接危及其品牌形象的公信力和权威性。作为一种品牌的价值来源和核心竞争力，公信力一旦缺失，品牌面对的将是生存的考验，尤其是在中国这样一个消费者群体特别容易受广告影响、有着根深蒂固的从众心理的大环境下。因此，因伤退赛的刘翔不但个人品牌价值缩水已成定局，在公信力上也造成了难以挽回的裂痕，出现了极大的信任危机。“刘翔有伤不是错，退赛也没错，错的是他不该瞒着大众。”某位网友的话代表了那些有被欺骗感的人的心理。所以，即使耐克很快就作出了官方声明，否认有关传言，刘翔也予以了澄清，但为时已晚，刘翔的个人品牌公信力已经出现了裂痕。

(2) 在高卷入和高关注度的情况下，退赛事件是对公众情感的极大伤害。当时，中国举办第 29 届奥运会所激起的全民对体育项目和体育明星形成一种“深卷入状况”的条件下，使得刘翔具备了极高的影响力和关注度。在如此高影响力和高关注度的情况下，加之媒体的炒作与宣传，民众对刘翔抱有一种极高的期望。此时刘翔已不单单是一名运动员，而是成为一种精神的寄托、一个民族的象征。退赛事件使得民众原有的高度情感卷入找不到宣泄的出口，使得民众感到自己的情感得到了极大的伤害与戏弄。

(3) 退赛事件成为导火索，转而指责刘翔被商业利益挟持，一时间各种传言喧嚣尘上。刘翔代言品牌过多过滥，不仅稀释刘翔的品牌形象，而且使得公众心里产生反感，对刘翔品牌形象造成了一定的伤害。

（4）退赛事件对刘翔品牌来说是一次危机事件，如果这次危机公关处理不当便会引起品牌价值损耗。虽然刘翔在后来公开向民众道歉并出面解释退赛原因，但为时已晚，明显暴露出刘翔品牌背后的团队对于危机公关运作的缺乏。

3. 刘翔品牌公众形象的大幅度缩水更引起了其商业价值的缩水

代言品牌除了考虑刘翔的职业生涯的可持续性之外，更要考虑到此次退赛事件对其个人品牌美誉度的影响。如果公众形象遭到破坏的话，势必也会对代言品牌造成一定的伤害。因此，刘翔品牌的商业价值和公众形象缩水是同时发生的。

二、如何打造好个人品牌

刘翔退赛给刘翔品牌带来的影响是不可估量的，不论是商业价值方面还是公信力和权威性方面，因此也给体育明星们敲响了警钟。那么，应该如何塑造好个人品牌呢？迈克尔·乔丹作为全世界最成功的职业体育明星和商业体育明星，姚明作为中国开发最成功的商业体育明星，在个人品牌塑造和管理方面都有值得借鉴的地方。

1. 商业化运作，制度性管理

姚明的成功给正在走向市场化的中国体育产业最大的借鉴意义是，他背后有一家专业的国际化经纪人团队，帮他打理商业开发方面的所有事情。而姚明，则可以不受任何干扰地去打好球，以取得更好的成绩。而专业的商业运作恰恰是刘翔所缺乏的，也成为他未来兑现商业价值的变数。现在，刘翔属于田管中心管理，田管中心作为国家专业训练机构，虽然有市场开发部门，但毕竟不是专业的，显然不能苛求田管中心搞训练的同时精于商业运作。所以，引入国际上通行的体育经纪人代理制是一种比较好的办法。建立刘翔的经纪人团队即“刘之队”，运用专业知识和专业工作精神，使其商业价值达到最优。

2. 代言品牌要与个人品牌相互提升，相互促进，达到共赢

迈克尔·乔丹作为全世界最为成功的体育运动明星和商业体育明星，其个人品牌的塑造离不开耐克，而耐克的成功也缺少不了乔丹。没有谁比乔丹更能代表耐克，也没有谁比耐克更能表现乔丹，他们的合作被看成商业运作的典范。乔丹利用自己超高的人气和影响力帮助耐克成功地把握了年轻一代的时尚脉搏，而耐克也凭借高超的商业运作手段推销时尚和流行文化。

3. 个人品牌要树立高端形象，代言产品要少而精

代言产品过多过滥是刘翔品牌受伤的主要原因，不但稀释了刘翔的品牌形象，不利于刘翔高端品牌形象的塑造，而且超出了公众的"心理承受负荷"。退赛事件在刘翔品牌发展过程中只是一条导火线，过于商业化的刘翔与作为中国优秀运动员的刘翔品牌本身已经造成了一种不可调和的冲突，因此，品牌代言一定要少而精。

4. 商业形象和公益形象要维持一种适度的平衡

体育明星与娱乐明星最大的不同就在于体育明星具有一种公益性，其商业化程度不宜过高。虽然个人品牌塑造提倡商业化运作与专业化开发，但是商业团队在运作个人品牌时一定要注意维护体育明星的公益形象。姚之队在这方面做得就很成功。虽然姚明品牌本身是进行商业化运作的，但是姚之队很好地把握了两者之间的平衡，使得姚明的公益形象凸出。与 NBA"魔术师"约翰逊合拍防艾滋病的公益广告，已经在电视上热播，为其收获了不少口碑。而在更早的 2003 年，姚明为"非典"而进行的全球募捐动作，更是为其个人品牌铸造加分不少。而刘翔在公益营销上的表现可谓乏善可陈，作为"飞翔公益基金会"的名誉理事长，刘翔也曾参与过助学、慈善与环保等公益事业。但比较致命的是，刘翔本人并不是这些公益营销的核心，其背后站立的正是被人诟病的白沙集团。如此一来，刘翔的系列公益活动尽管也付出了诚意与爱心，却非但不能对其品牌打造有任何的贡献，还会削弱其原有的品牌声誉。

5. 在广告中个人品牌的“符号意义”要保持完整，不能过度娱乐化

刘翔相对较高的娱乐化程度，明显弱化了其“符号意义”，如市场几度传闻刘翔要签约唱片公司，进军娱乐市场。相形之下，姚明的“符号意义”就保持得相当完整。在姚明的每一则广告中，篮球、向上、阳光、直面挑战、英雄主义等，都是必不可少的几大品牌元素。

三、对于奥运后刘翔个人品牌塑造与管理的建议

如果刘翔伤病痊愈复出、重新回到110米栏赛道上，那么其个人品牌价值将与复出后的成绩更加息息相关。因此，复出早期，刘翔品牌不宜做任何商业代言，应当在公众心目中树立一种奋发图强、勇敢、崛起的形象。如果刘翔挑战自我成功，那么其品牌价值必将登上另一座高峰。其后的品牌开发与运作要在吸取这一阶段教训的基础上，明确品牌定位，深度开发，商业化运作，将刘翔品牌中的核心价值元素符号化，形成一种差异化的品牌内涵。正如姚明品牌的符号意义是阳光、英雄主义、直面挑战等。目前刘翔在美国已经成功接受了跟腱治疗手术，至于刘翔品牌的未来如何，我们只能拭目以待了。

（倪彩虹）

Twelve Wounded Brands
in the Olympic Year of 2008

第九章

恒源祥：将恶俗进行到底？

Beijing 2008

恒源祥®

北京2008年奥运会赞助商
Official Sponsor of the Beijing 2008 Olympic Games

品牌背景

1927年，江苏吴县人沈莱舟与人合作在上海福州路创立了一家人造丝毛绒线商店，取名“恒源祥”。其名称来源于清末书法家的一副对联：恒罗百货，源发千祥。恒，即恒久，代表天时；源，即源头，代表地利；祥，即祥和，代表人和。恒源祥，集天时地利人和于一身。现今，恒源祥已经由一家占地100多平方米的毛线商店变成了一家经营范围涉及家纺、针织、服饰三大产业板快，有上百家联盟体工厂、4 000多家经销网点，拥有2 000多个规格品种的纺织类综合性集团公司。

恒源祥的品牌发展，还得从刘瑞旗这位恒源祥的掌舵人开始说起。1987年，时年29岁的刘瑞旗进入上海恒源祥绒线商店担任经理，在恒源祥日后的发展中，恒源祥的名字便总是和刘瑞旗联系在一起。在刘瑞旗接手恒源祥的时候，恒源祥也和其他老字号一样面临着许多问题，公司的净资产只有37万元。如何置之死地而后生？恒源祥的出路在哪里？这成了刘瑞旗就任后首当其冲、必须思考的问题。

在听老员工讲述祖辈故事、找寻成功经验后，刘瑞旗所做的第一件事就是：花200元，把店名恒源祥注册成为商标。1988年，刘瑞旗将“恒源祥”依法注册成为商标，从此便开始了恒源祥这家中华老字号的品牌发展之路。

1991年3月1日，首批恒源祥牌280全毛高级粗绒线（盒装）隆重出产上市。有了品牌产品后，刘瑞旗开始着手推广品牌。他几乎倾尽上一年的所有利润投入广告，于是在中央电视台的黄金时段频频出现了恒源祥广告。随着维护恒源祥商标的投入持续增长，在仅靠单一的绒线产品无法支撑的情况下，恒源祥从 1997 年开始实施产品延伸，除了生产羊毛衫、羊毛内衣、羊毛衬衫等针织类产品外，也开始从事西服、床上用品的生产。

2000 年，改制后的恒源祥成为世贸集团旗下的一员。考虑到世贸的发展重心为房地产，和恒源祥的品牌发展战略相差太远，刘瑞旗执意斥巨资收购恒源祥品牌，于 2001 年成立股份公司。2001 年 2 月，又成功地以 MBO（Management Buy－Outs）收购的方式实现了恒源祥的转制，为公司开拓了新的发展空间，这在当时被誉为中国最成功、最经典的 MBO 案例。2002 年 6 月，恒源祥（集团）有限公司成立，确立了“中国第一，世界一流”的品牌战略目标。

在近 80 年的品牌发展历程中，恒源祥经历了五次转型：

（1）1935 年从零售走向制造，从卖毛线的小店到办毛线工厂；

（2）1956 年从私营走向国有，公私合营后创建了 150 平方米的小厂；

（3）1991 年从字号走向品牌，把恒源祥的商店字号改为商标，采取与工厂合作的方式生产手编毛线，到如今年成为中国，乃至世界最大的手编毛线企业；

（4）1997 年从单品走向多品，产品涉及针织、服饰、家纺、绒线；

（5）2005 年从策略走向战略，从以前看、学、跟别人到确立自己正式的战略发展目标。

纵观恒源祥近 80 年的品牌发展之路，在刘瑞旗的带领下，恒源祥在全国已经赢得了 90％以上的品牌认知度，屡获殊荣并且有着自己探索和总结出的品牌发展之道。1999 年，“恒源祥”获得“中国驰名商标”称号。2002 年和 2003 年，“恒源祥”蝉联“中国十大公众喜爱商标”称号。2004 年，恒源祥被评为“中国最具文化价值十大品牌”。2003 年和 2005 年，恒源祥牌羊毛衫、羊绒衫先后荣获“中国名牌产品”称号。2006 年初进入 2008 北京奥运会赞助商的行列，给企业和品牌发展带上了一个全新的平台。2007 年，由世界品牌实验室发布的中国五百个最具价值品牌排行榜中，恒源祥位列第 64 位，品牌价值 94.58 亿元。

从恒源祥以上的企业和品牌发展历程来看，这个中华老字号正在新的市场经济和国际竞争中焕发出新的生机，其一路发展过来的许多商业经营模式和企业经营理念都是首开先河，具有十足的创新力。可以说，抛开恒源祥一直以来所钟爱的“重复式恶俗广告情结”之外，整个企业和品牌的发展建设是一家中华老字号企业如何转化思想、更新体制、寻求再度腾飞的楷模和优秀先例。

说到恒源祥的品牌建设背景，就不得不谈恒源祥的广告传播策略和形式。恒源祥有这样的说法，一要做创造第一的工作，因为人们不太容易记住第二；二是坚持，哪怕你的事情不是第一，但是坚持的时间变成第一，那你也变成很伟大了。刘瑞旗认为，要让消费者记住，一定要用有差异、与众不同的方法。也许，正是这种永远追求第一、讲求独特的品牌传播观念和掌门人刘瑞旗的与众不同、独树一帜的经营理念，让恒源祥的品牌形象和广告传播形式深深地刻上了简单、重复、独特却毫无美感甚至恶俗的烙印。

1991 年，恒源祥就有了投放广告的计划，开始是做电视剧《婉君》的贴片广告，每条 15 秒，但是刘瑞旗觉得太浪费，也不想花钱做创意、拍广告，他自己就用纸剪成“恒源祥”三个字，再用铁丝连接起来，上下滚动，就这样拍成了片子。

这种土法上马的广告，反而有了奇效，在当时的媒体环境下，迅速让大家记住了恒源祥。于是，这种手法就成了恒源祥的“法宝”，即使是在央视投广告，依然是重复式的“羊羊羊”。

2005 年末，就在恒源祥成为北京 2008 年奥运会赞助商之后，这句沿用了 10 年的广告语突然变成了“恒源祥，牛牛牛”，一时舆论和业界哗然，无法理解恒源祥的做法。李光斗给恒源祥广告变脸作了一种“非常智慧”的解释：恒源祥的初衷很可能只是为了表现该企业成为行业里唯一奥运赞助商的自豪，表现自己很“牛”。这也许就是2008年初十二生肖广告出现的先兆，这种简单而粗糙地想要急于表现自己品牌的广告传播方式使得恒源祥在2008年十二生肖广告播出后，成为中国“恶俗广告”的代表。

案例介绍

2008年1月21日，元宵节这天，恒源祥（集团）有限公司备受争议的“2008年贺岁广告（十二生肖篇）”在东方卫视一天之内播了41次后，正式停播。此前，这则长达1分钟的广告在安徽、江苏和山东等6家卫视播出了187次，春节期间在各地卫视一共播出超过200次即200分钟的重复轰炸。

这则被众网友喻为“平地一声惊雷”的广告，除了炸出了众人对恒源祥广告形式的不满和抗议外，也炸出来恒源祥这家中华老字号在品牌建设和传播方面一直存在的“隐患”——重复式恶俗广告、密集式地毯轰炸。此“患”不除，只会伤及品牌根基，使得近百年的老品牌毁于一旦。

恒源祥十二生肖电视广告在长达一分钟的时间里，恒源祥商标和北京2008奥运会赞助商的画面一直静止不动，广告语则由原来的“恒源祥，羊羊羊”，变成了“恒源祥，北京奥运会赞助商，鼠鼠鼠”，这句广告语按照十二生肖的顺序从“鼠鼠鼠”一直轮换到“猪猪猪”。很多观众以为自己家的电视机出现了故障。

此则广告在2008年春节期间一经播出，立刻引起了网友和网络媒体的极大关注。有媒体认为，此则广告能把人们的视线从陈冠希的“艳照门”中吸引过来，形成另一种话题漩涡，“着实不易”。众网友都认为，这是一则“史上最变态广告”，称“恒源祥广告实在是太恶俗了，它不仅锻炼的是观众的忍耐力，更是在挑战观众的智商，让人觉得崩溃、让电视台感到掉价”。近八成网友表示，以后拒买恒源祥的相关产品。在门户网站进行的相关调查中，八到九成的网友表示，“太恶心、太讨厌了！”不仅如此，平面媒体和电视媒体开始对恒源祥的这则广告进行了相关的报道，从2月15日开始，《重庆商报》、《第一财经日报》等开始报道此则广告，引发了更大范围的讨论和争议。

众多学者和专家也开始就这则广告产生的社会影响发表自己的见解，通过搜索也可以发现，各大新闻网站、视频网站、论坛网站、博客网站都有关于恒源祥广告的专题或热帖。没过几天，恶搞性质的“恒源祥广告十二星座版”、“恒源祥广告国足版”面世，都在模仿恒源祥十二生肖广告特点，相同语气重复12遍的短片同样获得了相当高的点击率，甚至形成了独特的“恒源祥视频模式”，有网友已把“今天，你恒源祥了吗？”列入2008年流行语之列。真正成为“恒源祥广告门”。十二生肖广告把羊扩充到十二生肖大家庭，这样简单机械的重复抹杀了旧版良好的效果，而且还是对观众忍耐力的挑战，比“脑白金”、“黄金搭档”一类的广告更折磨人；新版广告简单而机械的重复简直就是挑战观众的忍耐极限，企业花钱做广告不是一项“极限运动”，恒源祥也没有“义务”让观众来参与这样的极限挑战。

而恒源祥一方的反应也经历了两度改变。在刚开始广告播出引起广大受众强烈抗议的时候，恒源祥方面的回应是“很正常，在预料之中”。这说明，恒源祥还一直把重复性恶俗广告当作扩大传播范围和传播效果的“法宝”和“利器”。一直以来，恒源祥广告都尽力压缩成本，创造“令人记住”的传播效果。重复、持续，宁愿被骂也不能被忘记，这些一开始就确定的营销方针，至今仍是恒源祥营销部门的案头格言。

当广告引起的社会影响不仅仅局限于广告受众和媒体受众时，恒源祥认为“时机”成熟了，于 2 月 17 日在北京新闻大厦就其“独特”的奥运营销方式举行研讨会，邀请营销专家对恒源祥的十二生肖广告进行解读。恒源祥品牌传媒顾问丁秀伟面对首都媒体作出回应，表示十二生肖广告为 2008 年贺岁版广告，旨在向全国十二生肖的观众拜年，仅在春节期间播出，原本还准备挂名“恒源祥春节开心一刻”，只是为了博得大家开心一笑而已。至于重复单调的指责，丁秀伟认为，这是从广告学中的消费者重复记忆原理出发的一种有效手段。值此春节之际，恒源祥一改严肃有余的形象，引得大家开心一笑，并不会影响品牌形象。原来，恒源祥正拿着一年当中最黄金的春节期间各电视台黄金广告时段，跟大家“拜年”，“博大家一笑”，长达一分钟的“拜年”足以让全国人民都记住恒源祥最独特的“新年祝福”。

2008 年春节的这则“独特”的拜年广告使得学界和业界开始翻恒源祥的“旧账”，结果发现，从 1991 年开始，恒源祥的 15 秒内连播三次的“羊羊羊”广告，就被业内戏称为“十大恶俗广告之一”。刘瑞旗对此却很得意：“我们通过做一则最差的广告让人记住了恒源祥。”事实证明，这则简单的广告挽救了一家有着 80 年历史的老字号。但是十几年过去了，刘瑞旗却还一直固执地坚持着最初的成功法则，在成为奥运会赞助商后，恒源祥的广告于 2005 年底改成“恒源祥，牛牛牛”，与此同时，恒源祥的“牛、牛、牛”在广告界和整个消费者及经销商层面上引起不小反响。从“羊、羊、羊”到“牛、牛、牛”的广告变脸，无疑可能使恒源祥与羊产业的关联度降低，造成一定的理解偏差。当时，不少业内人士担心，这可能使恒源祥数十年的品牌积累效应因此流失。但是，恒源祥方面并未引起重视，相反地，在 2008 年更是将这一原则进行到底。恒源祥长期以来信奉和坚持的“钱要用在刀刃上”的独特品牌传播手法，使得其品牌建设始终停留在“吆喝”和“恶俗叫卖”阶段。

2008年，恒源祥“恶俗”的事情还不止“十二生肖广告”一件。在2005年底成为2008北京奥运会赞助商后，自称“小企业”的恒源祥就开始了自己独特的“奥运营销”。成为2008奥运赞助商后，恒源祥获得了给中国奥运代表团提供入场服装的机会；同时，其提供的还包括运动员村、媒体村的所有床上用品和所有奥运会技术官员的服装。

7月24日，“雷”人的事情发生了。北京2008年奥运会赞助商恒源祥携同北京奥组委、体育总局在北京正式发布为北京奥组委官员、奥运会技术官员、中国体育代表团提供的全套奥运礼仪装备。此则新闻经CCTV《新闻联播》播出后，网友顿时惊呼——“太难看了!”

随后，众网友发现，此次的入场式服装竟是年初“雷死人不偿命”的恒源祥设计的。2008年北京奥运会是第一次在家门口举行的盛世，国人都期望中国能在这次盛会上的第一次亮相中获得全球瞩目的目光，没有想到的是，恒源祥使得国人的美好希望瞬间落空。网友开始抗议，并把这套衣服比喻成“番茄炒蛋”。在把中国代表团的开幕式礼仪装备跟其他国家的进行比较的时候，众人的愤怒到了极点，因为同为民族品牌的李宁为西班牙代表团设计提供的入场服装同样是红配黄，但是无论从设计还是搭配上都得到了众人一致的好感。

此刻，恒源祥方面却表示，这样设计的是从2006年开始就面向海内外开始海选，广泛征集各方意见得出来的，是具备“历史之元素”、“当下之智慧”、“未来之概念”三大要素的。众网友觉得自己被恒源祥“忽悠够了!”，从年初的十二生肖广告开始，就一直在忍受恒源祥的“恶俗”轰炸，此品牌简直就成了“恶俗”的代名词。而恒源祥不仅不借北京奥运会这样绝好的反击机会更新品牌形象，反而越来越令人讨厌。并且，恒源祥方面一直以中华老字号、老品牌自居，从不听取外界和受众的声音和反映，我行我素，并以此为傲，美其名曰：被人骂总好过被人忘记！

总结恒源祥的“品牌传播史”，可以说用“重复式恶俗广告”来形容最为恰当。“恒源祥，羊羊羊”作为恒源祥延续了十多年的一则广告，在十二生肖广告之前已经达到了众人知晓的目的，这次一分钟的广告仅仅是为了让人记住“北京2008奥运会赞助商”这一信息，是对奥运稀缺资源的极度浪费，长达一分钟的广告没有任何形式的诉求和创意，有的只是恒源祥一直以来的简单、粗糙和恶俗，这不仅是对广告环境的污染，也是对播出媒体的亵渎，受众可能会直接“怪罪”于播出这则广告的电视台，造成观众对媒体的不信任。刘瑞琪和恒源祥固执17年，这次的广告策划，恒源祥同样没有动用任何外脑，由刘瑞旗为首的公司决策团队拍板。“成功者大多固执，但是成功是有环境的。”外界猜测刘瑞旗还是跳不出最初的化繁为简的“羊羊羊”情结。

案例评析

一、恒源祥品牌在2008年之伤

分析恒源祥对自己品牌的规划和传播，远远不足以称得上是一个中华老字号、近80年老品牌应该有的态度和行为。也许，从1991年恒源祥开始做广告时起，就种下了这种“重复式恶俗广告”的种子，使得刘瑞旗及恒源祥人都对此“欲罢不能”、“欲说还休”。但是，这样的种子在2008年得到了集体性、全民性的爆发，让恒源祥这个民族老品牌很受伤，具体表现在如下方面。

1. 失败的体育营销

恒源祥斥巨资赞助2008年北京奥运会，但是，这家2001年由国企转制的民营企业，到2005年底才还清因转制欠下的所有债务。而此次恒源祥赞助奥运会，其代价相当于“再买一次恒源祥”。赞助奥运会对所有企业来说都好比是一次快速“烧钱”行动，相对于国际大品牌如可口可乐、阿迪达斯等奥运常客，国内企业面对高昂的赞助费和后期投入都有点望而生畏。恒源祥赞助奥运会以来，除了莫名其妙地给几位历届主席手绣了几件毛衣之外，似乎没有什么营销行为，根本没办法找到恒源祥与奥运会的对接点，这无异于是高度的资源浪费。

而在签约已经有 3 年、距奥运会开幕只剩 6 个月的时候，恒源祥突然开始用长达一分钟、毫无创意、单调乏味地重复念叨“我是奥运赞助商”来对全国人们狂轰滥炸。这条“自豪”地重复向观众传达“我是奥运赞助商”的信息引起了国民的极大反感和厌恶，也是对恒源祥自身品牌和所拥有奥运资源的极大伤害。

其实恒源祥一直在走体育营销的路子，却鲜有人知。恒源祥每年投入巨资赞助各级足球赛事，已连续 10 年赞助中国足球职业联赛并赞助女子和青少年足球赛事；1997 年、2001 年连续两次赞助中国足球队冲击世界杯；2003 年开始赞助并冠名中超，但是效果并不明显。可能连中超球迷都不知道恒源祥是其赞助商。

赞助一场大型的活动，尤其是奥运会，最浅显的投放预算应该是“投放费用＋该费用×2”，这是一条杠杆原理。后面的费用是“换广告版本、相关造势活动、公关及促销活动等”，宗旨就是借由奥运会这个活动和话题尽情地达到企业现今想要达到的目标。奥运会是那个支点，企业品牌在另一头沉着，投给奥运会的钱给了那个支点，企业前、中、后期需要跟进的各种广告或者活动就是在另一头儿给予撬下去的力量，让对面那头儿顶起来。而恒源祥如此对奥运资源的使用可以说让人相当无奈和无语，也昭示着恒源祥一直以来体育营销的失败。

2. 失败的广告和赞助活动

十二生肖广告和后来对中国奥运代表团入场服装的赞助，恒源祥的表现都是对其品牌形象的极大伤害。从 2008 年恒源祥对于发生在自己身上的几件事的处理可以看出，恒源祥是一家家长制作风很严重的企业，由于刘瑞旗独掌大权20年，他对自己原先动手剪的广告图案有着无法割舍的情结，但是当时那则广告的成功有企业环境、传播环境等各方面的原因。如今，媒体如此发达，已经出现了第五媒、第六媒等，媒体碎片化使得广告传播到达受众时的效果要大打折扣，更别说网络等新媒体对电视、报纸等传统媒体受众的分流和极大冲击。恒源祥用当时帮其打响名声的广告换个花样又出现在电视观众面前，而且变本加厉、更加恶俗。更可悲的是，恒源祥的决策者居然还在那里为此窃喜！

人们对品牌形象的认识刚开始是着眼于影响品牌形象的各种因素上，如品牌属性、名称、包装、价格、声誉等。但品牌形象是一种综合性的概念，是营销活动渴望建立的，受形象感知主体主观感受及感知方式、感知前景等影响，而在心理上形成的一个联想性的集合体。品牌形象是一种资产，品牌形象应具有独特个性。企业通过各种方式对品牌形象进行传播，包括产品的包装、功能等，也包括企业的广告和公关等活动。恒源祥的电视广告，从一开始就没有告诉人们它是卖什么的，只知道它卖的东西跟“羊”有关，这也罢了。过了这几十年，它不但还不告诉人们它是卖什么的，而且把仅有的跟“羊”的联系也中断了。品牌形象常常通过品牌形象力来量化考察，可分为品牌知名度和品牌美誉度。恒源祥这样恶性炒作式的广告传播方式倒是引起了社会广泛的争议和讨论，但这并不算就是在做品牌。品牌资产包括知名度、美誉度、联想度和忠诚度等部分，知名度有了，美誉度没了，品牌资产同样无法积累。

二、恒源祥受伤原因分析

从上面的分析可以看出，2008年恒源祥的品牌和其所拥有的奥运资源受到了极大的伤害，究其原因，可以说都出自于深深植根于恒源祥品牌内部长久以来的品牌传播战略和广告传播策略，以及对传播环境、媒体环境、受众的认识错位。

（1）恒源祥在面对百年奥运的时候明显表现出来的浮躁和躁动，是其此次受伤的直接原因。从上文的分析可知，恒源祥虽然品牌资产近百亿元，但是面对赞助奥运这一需要极大资金投入的营销活动，恒源祥还是第一次，运作起来远远不如可口可乐等品牌得心应手。看完十二生肖广告，我们能够感到已经走过将近百年的恒源祥明显急了，表现在面对奥运会这一空前机遇前的失措和迷茫，以为只要投放了广告，能让人记住，就能提高销量，就能大把大把地赚钱，至于是否让大家记住就能带来销量，就能赚钱，恒源祥都没有考虑和思量过。

（2）恒源祥长期以来的品牌传播策略是此次受伤的内部原因。上文已经分析过，恒源祥的营销人员的案头格言就是“宁愿挨骂也不愿被人忘记！”而刘瑞旗的名言就是“品牌是消费者的记忆”。单就这一句话从某种角度来说是有一定道理的，但是放到恒源祥这种品牌里来看，“消费者的记忆”全是对这种品牌厌恶的情绪，试问这还算是品牌吗？那这种品牌有什么品牌美誉度和品牌忠诚度可言吗？而在恒源祥人看来，消费者怎么记忆呢？一般他们只记第一，不记第二。于是，他们费尽心机地去把自己标榜成“第一”，这个“第一”没有使恒源祥名垂青史，反而可能使它遗臭万年。另外，对媒体传播环境的错误认识和对受众碎片化、分众化的认识不到位也是其内部原因。

（3）中国本土企业的广告还都停留在知晓性广告的阶段，即以提高人们对企业的知晓度为目的，这是恒源祥受伤的主要的外部原因。现今的中国企业，能想到的最快的打响知名度的方法就是借助于资金投放广告，大声吆喝企业或产品名称，提高广告反复播放次数，通过强制性的手段灌入消费者的脑海中，以加深人们对企业、产品名称的印象。但是广告内容却缺少人文关怀和创意，在这种情况下，你想做出有创意的广告，就得投入大量的设计费用，成本一下子就上去了，反正大家的广告都没创意，那不如我比其他人更没创意，节省下来的资金再用于加强广告的投放量上，而且说不定这则更没创意的广告反倒可以成为创意，引起大家的关注，这样还可以带来事件营销的效果，真是“一举两得”。恒源祥就是按照上面的想法去实施它的广告，按照恶炒的方式出“创意”。

(4) 恒源祥的品牌定位缺失和产品线定位模糊是其此次受伤的深层次原因。首先，恒源祥这一品牌本身定位的缺失，只需简单提一个问题就能很好地揭示此现象。“恒源祥”代表的是什么？任何一种伟大的品牌都是和企业本身的文化休戚相关的，品牌就像是一个人，有着一个人的个性和特点，反观恒源祥这种品牌，除了知道它比较老、历史悠久外，再无其他值得信赖的地方。除了在广告中吆喝几句“我是奥运赞助商”外，别无他法。其次，恒源祥产品线定位模糊。最早了解恒源祥时只有恒源祥羊毛线这一单一产品，而现在从市场销售的产品看，有恒源祥牌内衣、西服、衬衣，等等。产品线定位模糊使得恒源祥无法在广告传播中体现自己的产品特色和品牌定位，但恒源祥老总说这是他们所谓的在做品牌，不做产品。试问，一家连起码品牌定位都没有的企业如何做品牌，难道把自己的名字叫几遍就成了品牌了？而同行的鄂尔多斯所涉及的所有领域几乎都是跟羊毛这一核心概念有牵连，很好地诠释了这个品牌在羊毛这一领域的内涵。

三、对恒源祥品牌的伤害

毋庸置疑，恒源祥 2008 年的十二生肖广告和对奥运资源的极大浪费使得恒源祥这种品牌伤上加伤。从 1927 年恒源祥诞生以来，其先是拥有了自己的产品——恒源祥牌 280 全毛高级粗绒线，随后又注册了商标名称和商标图案。在近 80 年的发展历程中，恒源祥也获得了无数的品牌荣誉和消费者的信赖，正在从全国知名品牌走向国际知名品牌。但是，就在这个节骨眼上，就在把自己推荐给世界的关键时候，恒源祥播出了一则让它再一次“出名”的十二生肖广告。这次的“出名”给恒源祥本身的品牌带来了巨大的伤害。

品牌在刘瑞旗看来是消费者的记忆，主要停留在初级知晓、记忆阶段。而笔者比较赞同的定义为：品牌是消费者与产品之间的关系，每种品牌之后都一定有款产品，但不是所有的产品都有资格真正成为品牌。如果这款产品无法和消费者建立起强韧而亲密的关系，它就不能成为品牌。由以上定义可以看出，恒源祥是在用十二生肖式的恶俗广告去破坏它跟消费者之间的这种亲密关系，使得“第三者”品牌有机可乘，是一种自杀式的品牌传播方式。

从一种品牌的发展阶段中我们可以看出，恒源祥的品牌发展完全没有任何规划和谋略，完全靠粗放式的、“大鸣大放”式的传播方式在原地踏步，甚至是倒退。图 9-1 是企业塑造品牌要经历的四个阶段，从而提高品牌的附加值，强化消费者的精神享受，最终锁定忠诚消费群体。

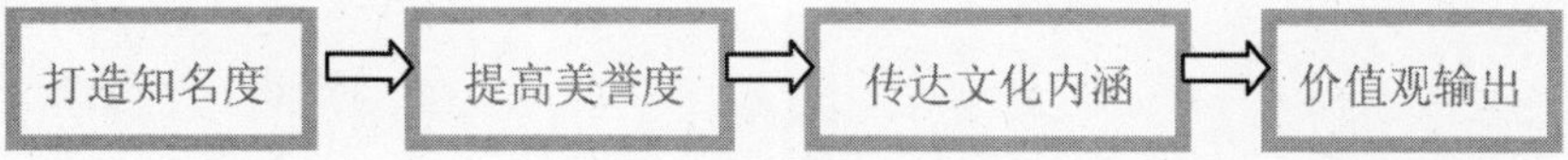

图 9-1　塑造品牌的四个阶段

由此可观恒源祥，它完全还在“打造知名度”阶段，而且就连这个“知名度”也是靠恶俗广告蓄意炒作起来的。从另一种角度来看，品牌美誉度是品牌力的组成部分之一，它是市场中人们对某一品牌的好感和信任程度，是现代企业形象塑造的重要组成部分。这样看来，恒源祥的品牌美誉度经此一劫，可能会万劫不复，只有“恶名度”。在把知名度发展到美誉度时，还需要注意的是品牌忠诚度和品牌联想。通过十二生肖广告，恒源祥的品牌联想就是“重复、恶俗、炒作、毫无品牌内涵和品牌文化的一家古板老企业”。跟品牌相关的还有品牌资产，品牌受到了伤害，品牌资产毫无疑问也会遭到流失。

根据品牌资产的星角图（见图 9-2）可以看出，品牌资产的组成部分跟品牌发展要经历的阶段大部分重叠。由图 9-2 分析恒源祥的品牌资产，十二生肖广告仅仅提高了其知名度，对其他资产却是极大的破坏，经过调查显示，近八成的网友表示以后不会买恒源祥的产品。而知名度方面，只能说恒源祥通过这次广告轰炸使得国民记住了有那么恶俗的一则广告在春节期间频繁出现，而且这种品牌叫“恒源祥”，其他并无收获。知名度的真正内涵其实是包含认知度（Recognition）及回忆度（Recall），消费者看完十二生肖广告后记得的不是恒源祥这个品牌有多么优秀，而是戏谑、恶俗的成分居多，也无法跟产品类别有好的联想。从某种角度来说，知名度来自于重复，正像媒体策略中的所谓“有效接触次数”，在传播中，从不经意到深刻记得，固然要看讯息本身的吸引程度，重复地出现更是基本的条件。但是如何不断地重复品牌，又不至于造成枯燥，才是传播的重点之一。很显然，恒源祥没有抓住这个重点。

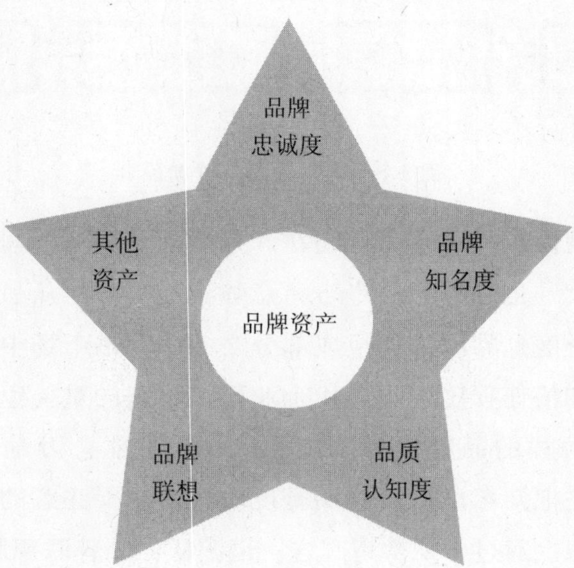

图 9-2　品牌资产的星角图

四、应对措施和不足之处及其对整个行业的影响

恒源祥对企业危机的处理不当是其再度受伤的原因。从2008年年初的恶俗广告到奥运会前的入场服装的赞助设计事件，恒源祥都没有感到自己的品牌形象在一步一步地被侵蚀，自己的品牌资产在一点一滴地流失。广告出来后，恒源祥内部表示“效果在意料之中，这是谋划了很长时间，专挑鼠年来播的”。由于恒源祥销售模式B2B，针对个人消费者的成品不占重点，当很多网友表示要拒买时，恒源祥似乎并不太在意，并表示“这只是小众”。而且其品牌中心总监李巍表示，“这样的广告会降低品牌美誉度的理论，尤其是一些专家说的，仅仅是停留在学术理论而已”。而最后十二生肖广告的停播也与网民意见无关，恒源祥已经将广告送往中国科技大学作科学考量，2009年的贺岁广告形式将参考研究结果——恒源祥准备2009年继续推出贺岁广告。从以上做法明显看出恒源祥的自大和自傲，完全不顾及受众感受地狂轰滥炸，并我行我素、以此为傲。

恒源祥此次的十二生肖广告和奥运入场服装的提供设计事件给整个纺织、服饰行业带来了一定的影响。恒源祥是纺织、毛纺行业的龙头老大，其形象很大程度上代表了整个行业的形象，如此恶俗炒作再不悬崖勒马，终将带来类似三聚氰胺给整个奶制品行业带来的负面影响。但是，最严重的负面影响是对整个广告行业的影响。中国的本土企业广告本身就处于叫卖阶段，如何叫卖得好听，让受众记住并且喜欢却是一项大学问。此次恒源祥广告把中国广告长久以来潜在的“恶俗风”彻底掀了出来，“先有脑白金，现有恒源祥”，使得“广告暴力”、“广告营销道德”等问题都摆在了中国广告人的面前。

五、恒源祥应该如何建设品牌

2008年，恒源祥很受伤，如何及时疗伤、恢复元气、重整出

发，是摆在恒源祥面前的一个亟待解决的问题。

1. 抓好经营模式，明确品牌定位

恒源祥的经营模式是典型的“先造名，后造实”。恒源祥不从加盟厂采购商品，加盟厂的产品贴上恒源祥商标后直接进入自己的分销渠道。各加盟厂带来的分销渠道构成了恒源祥遍布全国的零售网点，位于上海的总部集产品研发、质管、信息等为一体，又对这些加工厂、加盟店全面服务、分类指导；形成总部在上海、生产在各地、销售遍全国的“恒源祥模式”，这一模式的双赢效应十分显著。但是也需看到，这是一种风险很大的经营策略，特别需要恒源祥自己把品牌经营好。

明确自己的品牌定位是刻不容缓的。基于恒源祥以上的经营模式，恒源祥需要的品牌定位就是回答“恒源祥是什么?”——“恒源祥是一个有社会责任感、值得信赖、品质出众的老朋友。”能够带给消费者温暖和安全感的老朋友形象应该是恒源祥以后需要努力的方向。

2. 树立新的品牌传播策略，利用文化提升品牌美誉度

明确了自己的品牌定位就需要将这种定位传播出去，对于恒源祥这家中华老字号来说，用品牌传播的果核模型（见图 9-3）应该是比较合适的方式。

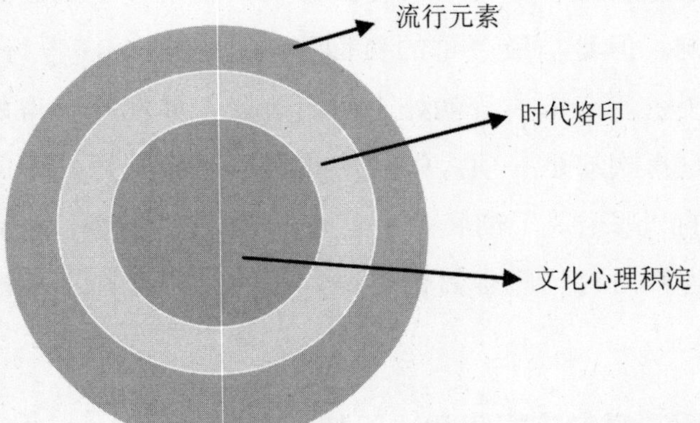

图 9-3　品牌传播果核模型

最里层是恒源祥这种品牌的文化心理积淀，作为一家有着近80年历史的中华老字号，有许多的品牌故事值得向消费者传诵，这些文化心理积淀能够给恒源祥带来历史的厚重感和可信赖感。而恒源祥在这几十年的发展中无不刻下了时代的烙印，作为一种与时俱进的品牌，传播流行和时尚元素也是不可或缺的，如恒源祥的“无感体验——视觉、听觉、嗅觉、味觉、触觉”就是紧跟时代步伐的流行元素。而后需要更新自己的广告形式和内容，彻底抛弃原来那种对“重复式恶俗广告”的偏执和坚持，真正从告知走向沟通，从4P转换为4C，在广告中应该更多地体现人情温暖和社会责任。比如“恒源祥”这样一个如此有历史和文化内涵的品牌名称，在以往的广告传播中根本没有体现出来，在更新广告形式和内容后，可以考虑将“恒罗百货，源发千祥”这句话放在广告末尾。

3. 借力使力，整合各方面资源打一场反击战

此次十二生肖广告确实给了恒源祥一次赚足眼球的机会，如何借用这次机会，传播自己更多正面的东西，是恒源祥需要考虑的问题。其实，恒源祥在企业文化建设、品牌公关活动、经营理念创新方面，都有许多亮点，但这些点一是太分散，没有形成一种品牌核心力；二是与消费者直接接触的传播活动（最直接的就是广告）太随心所欲，把好东西都浪费了。如“爱心编织”、“恒爱行动”等，都需要整合资源传播出去。恒源祥已经打算长期赞助体育赛事，世锦赛、伦敦奥运会等都是恒源祥着力提升自己品牌的大好机会。

综合以上分析，恒源祥的品牌原理如下。

一个中心：品牌是消费者和产品的关系（牢固、亲密）；

两层分析：提升品牌美誉度，提升品牌忠诚度；

三种经营：资产经营、资本经营和品牌经营；

四种形态：卖产品、卖品牌、经营品牌、经营网络；

五种感官感受：视觉、听觉、嗅觉、味觉、触觉。

一家企业，从产品——商标——品牌——名牌，这条路需要走多长时间？也许每家企业都有自己的心路历程，恒源祥也不例外，毕竟没有一家企业会轻易地去把自己打回原型。恒源祥今后的路会怎样走呢？我们拭目以待。

（李文瑾）

Twelve Wounded Brands
in the Olympic Year of 2008

第十章

“100年润发”的品牌突围之困

品牌背景

1994 年，奥妮推出了一款划时代的产品——奥妮皂角洗发浸膏，以“植物一派 重庆奥妮”的口号，立即打动了广大消费者，奥妮从此开创了中国植物洗发的先例。1997 年，奥妮推出“100 年润发”，凭借着“青丝秀发，缘系百年”一句广告词，一则充满故事情节的广告，成为无数国人心中的经典，也让它的销售额达到了历史的顶峰，当年的市场占有率提升至 12.5%，仅次于飘柔，位居第二。这是奥妮历史上取得的最好成绩。

“青丝秀发，缘系百年”，这不仅是“百发润发”的一句广告语，更是一种意境、一种美好情感的凝聚，温情中展示着要树百年品牌的决心。

20 年来，中国广告取得了令世人瞩目的成就，在数不胜数的广告中，“100 年润发”电视广告品牌形象的独特定位、商业性和文化气质的完美结合，以及给人心灵的震撼，堪称是具有中国特色的经典之作。

“100 年润发”是重庆奥妮系列产品中的一款，目前在市场已上市的有奥妮皂角、奥妮首乌和 100 润发（又分青年型和中年型两种）。在“100 年润发”广告里，“文化气”和“商业气”在这里天衣无缝地结合，融汇成中国情感的、中国式词汇的民族品牌，这于国产商品“洋名风”、“霸气风”形成鲜明对比，有助于记忆度的加强、辨识率的提高。

据当时一项调查显示，广告产生的所有感动几乎都来自这个情节，这则广告为企业创造了近 8 亿元的销售收入。

案例介绍

在京剧的音乐背景下，“周润发 100 年润发广告篇”给观众讲述了一则青梅竹马、白头偕老的爱情故事。男女主人公从相识、相恋、分别和结合都借助于男主人公周润发丰富的面部表情表现出来：爱慕状、微笑状、焦灼状、欣喜状。而白头偕老的情愫是借助于周润发一往情深地给“发妻”洗头浇水的镜头表现出来的。

综观“100 年润发”的广告策划，可圈可点之处有以下几点。

一、运用中国传统元素

白头偕老的结发夫妻、头发，这在中国历史上本身就有着深沉的文化内涵，此时配以画外音“青丝秀发，缘系百年”，然后推出产品“100 年润发，重庆奥妮！”——把中国夫妻以青丝到白发、相好百年的山盟海誓都溶入了“100 年润发”中。

明星拍广告大都是一笑之后简单地推出产品，而广告中祥和朴实的“他”没有一句台词，时势变迁的悲欢离合，重游旧地、遥想当年的复杂情绪全靠精湛的表演，加上女演员情真、意浓、清新、毫不逊色的配合，使得爱情故事真正地溶进 100 年润发品牌中去，广告主题在视觉上更加完美。

二、运用错位思维

洗发液一般是女人买给男人用，生活中通常也是女人照顾男人。而在这则广告里，男女进行了角色互换：让周润发给女人洗头发。这个 IDEA，由于点破了女性内心深处的渴求，而把周润发的魅力用到极致，也把品牌与明星有机地结合在一起。

“100 年润发”的创意将时空的变换，浪漫的爱情，温馨的家庭生活加上一点淡淡的惆怅、淡淡的惊喜、优美的音乐……融合在一起，而线索就是洗发水这款主体产品，一系列完美的创意让人击节三叹、回味无穷，受众不但记住了品牌，还对这款产品顿生好感，起到了多种宣传效果。

三、运用周润发及其名字

“100 年润发”的品名和周润发的名字巧妙吻和，周润发的年龄和外形气质与 100 年润发品牌本身所散发的温和感相吻合。

这是周润发第一次在内地拍产品广告。周润发的人品口碑好。素以选片挑剔而著称的周润发，无论在生活上还是工作上，都恪守中国传统，孝敬父母、爱护妻子、敬业乐业、谦和待人。在拍片前有好几家广告商同时请他拍广告，但他始终坚持自己的原则严格挑选广告商。他要求保证制作班底和拍摄质量，同时带了两箱洗发水回港亲自体验，确信产品质量后才开拍了为国争光、彰显中国人气质的《京剧篇》。为了进入角色，他天天爬山减肥，减去十多磅体重。更重要的是，周润发颇具实力的演技。

四、运用差异化营销

像洗发水这样的日常用品品类，不仅需要情感诉求，物质诉求也很关键。一直以来，西方日化品公司所推崇的，都是化学洗发的体系。“奥妮”开创植物洗发的先河，推出“奥妮”、“100 年润发”等“植物一派”，对化学洗发产生了巨大的震动。

“100 年润发”杰出地驾驭了差异化营销，在别人已诉求的利益上，它没再跟在其后附和，而是突出对手所没有的特有成分，就像七喜打非可乐的牌子一样。

今天的广告传播容量是繁忙与超负荷的，同类产品的与日俱增更加剧了竞争的激烈程度，产品同质化现象使得产品必须在功能利益和情感诉求上都要标新立异，100 年润发很好地做到了这两点。

“100 年润发”的广告——经典！那年月在中国电视上还很少看到讲究创意的广告，“100 年润发”这则广告播出后百看不厌。如果说人生的离合是一场戏，那么百年的缘分更是早有安排。在“国货当自强”的“良缘”下，人名、品名、真情浑然一体，天造地设、相得益彰，明星的“晕光”效应酣畅淋漓，“100 年润发”的知名度得以极大地提升，在产品的优质保证下，早早地迎来了成长期。

然而，随着时间的推移，原来号称重庆轻工业“五朵金花”之一的重庆奥妮化妆品有限公司已经破产，“100 年润发”这种名噪一时的品牌也淡出“江湖”，让无数市民为之遗憾。进入 2008 年 7 月以后，不少市民忽然发现，电视中又出现了“100 年润发”的广告，由天王刘德华代言的“100 年润发”新广告重新闯进大众视野。这标志着一向主攻洗衣皂、洗洁精、牙膏等日化用品的浙江企业纳爱斯集团高调进军个人洗发护理用品市场。然而，这种当年叱咤风云的国货品牌是否能在今天这个高度竞争的洗发水市场中突围？大手笔的媒体投入能否影响消费者的购买理念和价值判断力？

案例评析

有报道，重出江湖的“100 年润发”却并不讨好，浙江纳爱斯集团一直以新闻发言人出差为由，拒绝对“100 年润发”发表评论，但是上海锦坤传播公司董事总经理石章强却指出，“目前，100 年润发在终端的表现，并没有达到纳爱斯所期待的那样”。笔者不禁为这个“老字号”品牌的突围之路感到担忧。

一、东山再起：出手，还是继续等待

新版的“100 年润发”广告一推出，迅速在为数不少的市民中引

起巨大的反响，“奥妮又回来了!”成为市民争相告知的消息。令人们略微有点失望的是，此次“100 年润发”的重出江湖，并非是由重庆奥妮这一初创者推出，而是由浙江纳爱斯集团重新包装后推出的。令人吃惊的是，另一家国产日化用品巨头——广州立白集团也宣称拥有“奥妮”、“100 年润发”、“西亚斯”等品牌。立白集团声称，在 2006 年 4 月的时候，就以 3 100 万元的高价，拍下了重庆奥妮化妆品有限公司拥有的 23 个“奥妮”系列商标所有权，并准备推出奥妮洗发水，但在当年 7 月，意外地遭遇了香港奥妮的“狙击”。

香港奥妮发布公开声明称，其拥有对奥妮商标 20 年的使用权，使用时间从 2004 年 11 月 30 日起，立白拍来的只是“奥妮”商标的所有权，而不是使用权。而在 2006 年 11 月，浙江纳爱斯集团在其网站上称：纳爱斯已正式收购包括香港奥妮在内的三家公司，拥有“奥妮”、“100 年润发”、“西亚斯”等奥妮旗下 23 个商标的独占使用权或所有权，这一收购案已由商务部审查批准。奥妮的商标之争又演变成了纳爱斯和立白的争执。

而纳爱斯在一片争议声中抢先推出“100 年润发”这一品牌，之前没有操作洗发水市场成功经验的纳爱斯，能否撼动目前的洗发水市场格局呢？由于“100 年润发”与纳爱斯旗下原有产品的品牌协调性及背后的消费者的巨大差异性，纳爱斯原来建立的庞大的农村乡镇网络和终端、经销商队伍及业务员队伍，均无法共享。纳爱斯此次动作能否获得成功呢？此外，当今经济形势捉摸不定，2008 年上半年，规模以上中小型企业倒闭近 7 万家，更多的企业考虑到规避资金链的风险，对于新项目启动投资极其慎重，蛰伏度过这“寒冬”再伺机出动。纳爱斯这匹“狼”偏偏这种时刻选择了寒天出动，这种时机合适吗?

二、名人代言：周润发 VS 刘德华

11 年前，周润发通过其所演的电影等给大众以恪守中国传统、

孝敬父母、爱护妻子、敬业乐业、谦和待人的形象。观众记住“100年润发”不仅因为产品名和周润发的名字巧妙吻合，更因为周润发外形气质和内涵与“100年润发”品牌本身所散发的温情相吻合。周润发特有的极富亲和力的笑容和经典的表情极大地提升了“100年润发”的爱情味道。周润发版“100年润发”广告播出当年，重庆奥妮取得了公司发展史上最辉煌的胜利——年销售收入达到8亿元，市场占有率12.5%，锋芒直逼全球日化行业的老大——“宝洁”。至今，仍然有很多消费者记得当初是被广告感动而成为“100年润发”的使用者，“100年润发”品牌和周润发一起根植在他们心中。由其深情演绎的“100年润发”广告，在业内好评如潮，该广告堪称明星与品牌结合得天衣无缝的经典。细腻曲折的爱情、迷离的音乐、唯美的画面，短短的1分钟广告竟蕴涵了一段人生的悲欢离合。外形风流倜傥的周润发在公众心中是个专情、有家庭责任感的魅力男人，这与“100年润发”细腻温情的个性浑然天成，两者的结合堪称完美。

相比周润发，刘德华的个人形象和“100年润发”的品牌个性并不吻合。“100年润发”的品牌个性就是温文尔雅、细腻温情。而作为歌坛、影坛常青树的刘德华，虽然今时今日的名声不亚于当日周润发，但是，刘德华一向给公众的印象是勤勤恳恳，其敬业的精神、爱国的情怀更是为公众称道，但在感情生活方面，刘德华曾经的“杨丽娟疯狂粉丝”事件等，与“100年润发”所诉求的温情动人、用心呵护、缠绵动人等有太大的冲突，名人的性格和品牌个性并不符合。尽管在广告片中，常年出航在外的刘德华极力表现出对

女友的体贴，但就其本人形象很难让人跟广告画面中的体贴呵护联系起来。他的代言，缺少周润发的那种脉脉含情的韵味，他所演绎的爱情缺乏感染力，让人有故作深情之感。

同样是国际知名的大腕，同样是倾情的演绎，不难看出，刘德华版“100 年润发”远不如当年的周润发版，它带给我们的更多的是对周润发版的回忆，以及对那一份深情的感动。

三、品牌定位：过去 PK 现在

在 1995 年洗发产品“洋角色”一统天下时，宝洁公司三种主要品牌——飘柔、海飞丝、潘婷，已经成为该企业在中国最赚钱的产品，年营业额高达 70 亿元，并继续保持 50%以上的市场份额。而此时，来自重庆奥妮的“100 年润发”打起了国货的招牌，令人们看到了国产品牌的昂首姿态，国货和洋货的竞争开始升温。

周润发版广告画面中，可圈可点的中国元素——京剧脸谱、质朴的胡同、古老的火车、悠扬的旋律等，利用民族情感，突出中国的文化气质，赋予产品以丰富的联想，更能增强品牌的震撼力和感染力，国人的爱国热情以及由画面激发的温情不约而同地提升了“100 年润发”的品牌形象。它是“长城永不倒，国货当自强”的延续和升华，更使自强的中国人多了一份美好的人间温情。

2008刘德华版“100年润发”广告的明显硬伤就是过多的刻意的广告语言，这已经成为与目标消费者心灵沟通的障碍。可以发现，在刘德华版舒缓优美的现代音乐背景下，30秒的广告，对白就占用了25秒。在这个感性时代，消费者不需要太多浮华的语言，过多的絮叨有把“百年爱情”的诉求主题变得空洞之嫌。经典的爱情意境，适宜“此时无声胜有声”。品牌定位的关键是在消费者心智中植入一种概念，也许广告的本意是引导消费者注意产品的独特卖点。但是，从“爱”到“健康调理”的急速转变使得广告出现断裂感，没有感情铺垫的叫卖，消费者很难买账。而且从市场来看，“100年润发”这种即将被淡忘的品牌要想激起消费者的购买欲，必然要在其过去良好口碑的基础上再次创意突破。制作方虽然已经注意到这一点，但是，刘德华版广告却很难让消费者有当初的温馨感。跳跃式品牌传播并不能让观众买账，只有紧跟时代，与时俱进，在不变中变化，贯穿品牌核心价值的传播才能切实打动观众，提升“100年润发”的品牌资产。

四、广告诉求：从清晰到模糊

周润发版“100年润发”最早的东家重庆奥妮集团生产的产品以中草药为主要成分，具有独特的中国韵味，而“润发”这一词，则将品牌的产品属性以及品类特点很好地体现出来，“百年”则体现了时间概念，将品牌悠远的历史表露无遗，增加了品牌的时间厚重感；由周润发充当形象代言人更是符合当时的消费群定位，“35～40岁的消费群体，不仅有购买的能力，而且他们是在周润发的英雄形象伴随下成长起来的”。这样清晰的市场定位在当时给“100年润发”带来了巨大的成功，根据2002 CMMS中国品牌发展报告研究显示，“100年润发”在洗发水品牌渗透率方面位列第11位，占10.0%，在国内单品牌仅次于“舒蕾”。而刘德华版“100年润发”

广告中的年轻男女相逢求婚的场景、亲密的动作、舒缓优美的现代音乐等，让人觉得广告似乎把诉求点放在了热恋中的男女上，也就是 20～30 岁的群体。但这样一来，对于那些对“100 年润发”怀有很深厚感情的中老年人来说，这则广告无疑是难以接受的，广告中亲昵的爱抚动作和现代的元素散失了美好的浓情。

从另一方面来说，广告中又处处刻意流露出上则广告中的男女温情，让人勾起回忆，这又让年轻人觉得过于黏腻，和当下年轻人风风火火的爱情观又有偏差。所以，广告的诉求对象既不与当年消费群即现在的中年群体吻合，又不与时下的年轻人切合，这就模糊了定位人群，很难让广告产生集中效应。

从诉求方式来看，“100 年润发”的纯感性诉求在当年是赚足观众口碑和银两，周润发的深情演绎让感性诉求登峰造极，营造出使用 100 年润发洗发水那种令人感动的温馨气氛。“100 年润发”杰出地驾驭了这一表现方式，别具匠心地赋予了“100 年润发”产生于中华民族文化大背景下的美好联想。京剧、二胡等国粹在近十年有所低靡，可广告中铿锵的锣鼓、委婉的京胡，使这些古老形式大放异彩，借古抒情，古老的形式现代化，这是大胆创新，也是民族文化的继承和发扬。中华美德下的夫妻间青丝白发、相好百年、永结同心的忠贞爱情等美好想象，使消费者在感情获得满足的过程中接受广告信息，保持对该商品的好感，最终能够采取购买行为。刘德华版“100 年润发”广告中，一开始优美旋律中男女主角的重逢场景颇有感性，但是，紧接着的居然是求婚，而且求婚并没有任何下文，直接转到“百年”这一词，说“爱是 100 年”而非瞬间，继而就直接开始了洗头画面，明显照搬当年发哥的动作。女主角这时讲起了“100 年润发调理洗发露，从头皮致发梢，健康调理”，时刻说着“调理”二字，爱要调理，发要调理，这条道理大家都懂，只不过，这种诉求太直接了，与“100 年润发”一直给人的含蓄美好相抵触，让观众感到突兀，甚至会觉得有点搞笑，让人觉得杂乱，在视频网中就有网友提出“这则广告跳跃也太快了吧”的评论。虽然广告表现上使用的元素更多，但是，相比之下，周润发版的广告更显朴实，而刘德华版的广告剧情跳跃，视觉元素较少，故事情节有断裂感，这种感觉在重度的广告对白的映衬下更加突出。感性诉求和理性诉求本可相互补充，让广告饱满，但是，只有适当的表现才可以达到对观众“晓之以理，动之以情”的目的。

当纳爱斯集团在2008年央视黄金广告招标会上以2.29亿元拿下全年的电视剧特约剧场冠名权时，就有人士揣测，这是为日后进军洗发水市场作准备。而当刘德华版的“100年润发”出现在观众眼前时，效果却并不如纳爱斯集团预期那般。近几年来，消费者心理成熟愈发趋向于理性消费，不再像2000年左右时盲目地跟从广告选择购物，从“100年润发”目前的品牌推广来看，消费者似乎无法寻找到任何物质属性的诉求点，也就是说消费者选择使用产品的动机何在？刘德华代言若能起到决定性的作用，那做品牌也太简单了。像洗发水这样的日用品品类，不仅需要情感诉求，物质诉求也很关键。一直以来，西方日化品公司所推崇的都是化学洗发的体系。当年正是“奥妮”开创的植物洗发的先河，推出“奥妮”、“100年润发”等“植物一派”，对化学洗发产生了巨大的震动。也许“100年润发”要改变传播策略，否则，品牌的突围恐怕并不那么容易。

（林升梁）

Twelve Wounded Brands
in the Olympic Year of 2008

第十一章

众里寻他千百度，蓦然回首，却在地沟处

Baidu百度

品牌背景

“众里寻他千百度，蓦然回首，那人却在灯火阑珊处。”这是辛弃疾的名句，王国维认为他描述的是人生三境界中最高的一层，而李彦宏则将之诠释成了一个数字时代的奇迹。

1999年，留学美国的李彦宏和徐勇在硅谷创立了一家不起眼的小公司——百度（baidu . com . inc）。2000年，这两位年轻人带着满腔的创业激情和从风险投资商那里融到的120万美元回国成立了它的全资子公司——百度网络技术（北京）有限公司。随后，百度在中国就以不可思议的速度成长起来。

创业的头一年半，百度还仅仅是一家提供搜索技术的服务商，但自2001年10月正式发布baidu . com搜索引擎，百度从后台服务转向独立提供搜索服务。仅仅不到两年之后，2003年5月28日到6月4日，《中国电脑教育报》主办了声势浩大的“万人公测”活动，10 015名普通用户以“双盲法”参与公测，结果约55%的人选择了“Baidu比Google好”，10%的人选择了“Baidu、Google差不多”，35%的人选择了“Google比Baidu好”。《北京青年报》的报道说，百度成为中文第一搜索门户。2004年3月，中国搜索引擎调查揭晓，百度垄断中文搜索市场。同年5月，据Alexa最新显示，百度已经成为全球第四大网站。2005年8月5日，百度在NASDAQ成功上市。同时，在Alexa排名中超越新浪，成为第一中文网。而今天，百度已经当之无愧地成为“全球最大的中文搜索引擎”。2007年9月26日，中国互联网络信息中心（CNNIC）发布了《2007年中国搜索引擎市场调查报告》，其结果显示，百度的用户首选份额已从2006年的62.1%升至74.5%。迄今（2008年11月18日）百度在Alexa的总网站排名中名列第11位。最新的统计数据显示，中文搜索引擎为网站带来流量的比例：百度为74.88%，Google为13.54%，而雅虎仅为3.94%。已成为中国搜索引擎巨头的百度公司于2008年1月23日起正式开展在日本的业务，开始开拓海外市场。

百度几乎一年数个台阶，一步步走来，所依赖的，是自身的企业文化、技术优势、产品线的开拓和其备受争议的商业模式。

百度的企业文化有其独到之处。百度的名字寄托着百度公司对自身技术的信心，另一层含义就是突破“事儿做到九十九度就是做到头儿”的西方说法，百度就是想要力争做到一百度，做到顶上开花的境界。百度所标榜的核心价值是：给人们提供最便捷的信息查询方式；认真听取每一条建议和投诉；永远保持创业激情；每一天都在进步；容忍失败，鼓励创新；充分信任，平等交流；倡导友谊，感恩，分享。而百度认为自己的使命是：为网络用户提供最高端的网络技术服务，创造中国互联网络企业的经营奇迹；使百度在品牌、用户满意度、经营业绩方面成为同行业的领先者；提高中国互联网的技术成分，努力帮助更多的互联网公司更快地赢利，成为最优秀的互联网中文信息检索和传递技术提供商。其远大的目标、融洽的氛围，催生了内部高超的效率。

在技术上，百度有清晰的自我定位和卓越的技术优势。百度公司不同于一般意义上的网络公司。它既不是着眼于互联网内容的提供，也不是门户网站，而是一家立足于自主掌握并提供互联网核心技术的技术型公司。百度公司自进入中国互联网市场以来，就一直以开发真正符合中国人习惯的、可扩展的互联网核心技术为使命。百度的出现为中国互联网树起了民族技术的一面旗帜，打破了原来中国互联网依赖于外国网络技术的局面。

百度以自身的核心技术“超链分析”为基础，提供搜索服务体验。超链分析就是通过分析链接网站的多少来评价被链接的网站质量，这保证了用户在百度搜索时，越受用户欢迎的内容排名越靠前。百度总裁李彦宏就是超链分析专利的唯一持有人，目前该技术已为世界各大搜索引擎普遍采用。

百度拥有全球最大的中文网页库，目前收录中文网页已超过 20 亿，这些网页的数量每天正以千万级的速度在增长；同时，百度在中国各地分布的服务器，能直接从最近的服务器上，把所搜索信息返回给当地用户，使用户享受极快的搜索传输速度。

百度每天处理来自超过 138 个国家超过数亿次的搜索请求，每天有超过 7 万名用户将百度设为首页，用户通过百度搜索引擎可以搜到世界上最新最全的中文信息。2004 年起，“有问题，百度一下”在中国开始风行，“百度”成为搜索的代名词。

技术领先的百度也在不懈地拓展着自己的产品线，如今的百度早已不是一个笼统的信息搜索引擎，而是一家细分搜索市场，并兼有多种应用的集合。

自 2002 年 mp3 搜索正式启用，百度地图、百度图片、百度地区搜索等从内容、地域、用途等方面细分的定制搜索服务接连上线。

2003 年 12 月 1 日，百度推出类似超大型论坛的网络社区——“贴吧”，搜索引擎步入社区化时代。

2005 年 6 月 23 日，百度又推出名为“百度知道”的网上问答服务，进军“知识搜索”领域。2006 年 4 月，继“百度贴吧”与“百度知道”之后，百度推出第三款社区类搜索产品——“百度百科”(baike . baidu . com)，百度社区知识搜索三驾马车浮出水面 。

现在，百度拥有 3 条产品线，除已被业界广为认可的门户网站中文搜索引擎外，还有服务于企业的高针对性的搜索产品——百度网事通，以及网站加速技术。2008 年底，百度的 C2C 商务平台“有啊”和 B2B 商务平台“商道”也陆续上线，其扩张地盘的脚步越走越快。

而成就百度的关键，是在商业模式上采用的“竞价排名”。所谓竞价排名（P4P，Pay for Performance），按照百度的官方解释，是一种“按效果付费的网络推广方式。用少量的投入就可以给企业带来大量潜在客户，有效提升企业销售额和品牌知名度。每天有超过数亿人次在百度查找信息，企业在百度注册与产品相关的关键词后，就会被查找这些产品的潜在客户找到。竞价排名按照给企业带来的潜在客户访问数量计费，企业可以灵活控制网络推广投入，获得最大回报”。简单地讲，就是搜索引擎关键词广告的一种形式，按照付费最高者排名靠前的原则，对购买了同一关键词的网站进行排名。

尽管竞价排名屡受争议，但百度正是在这一商业模式的带动下飞速成长。2007 年营业收入 17.44 亿元，年增长实现 108.2%，其中竞价排名带来的收入超过九成。

案例介绍

2008 年 11 月 15 日，央视《新闻 30 分》以一位家住北京的李先生因百度搜索结果而被虚假医疗机构欺骗的经历，将矛头指向了百度，指出在网络时代，人们经常依赖网络搜索引擎寻找自己需要的信息，然而，一段时间以来，越来越多的消费者抱怨说，因为百度搜索引擎竞价排名提供的虚假网站或信息上当受骗，李先生遇到的这种情况并非偶然，在百度搜索引擎还可以查询到不少打着知名专家幌子行医的医院。

由于在网络上购买了假药的消费投诉居高不下，从 2007 年开始，国家食品药品监督管理局对违法网络售药行为进行了严厉打击，并公布了可在网上进行非处方药品销售的网站，其余均为非法网站，但仍可以在百度搜索引擎上搜索到大量宣称有特效治疗癌症等病症的药品网站，并且这些药品中绝大多数没有取得国家药准字号。

一些夸大其辞甚至虚假的药品、医院信息正是通过百度搜索引擎提供的竞价排名达到推广的目的，特别是号称治疗各种癌症、性病的医院、药品网站，它们或者编造专家简历、或者售卖假药，受骗的消费者轻则白白花钱，重则延误最佳治疗时机。

11月16日，《新闻30分》继续就竞价排名的问题深入调查，匿名采访了百度客户销售代表，爆出对于一些发布医药信息的网站，百度个别工作人员不仅没有进行严格的审查，甚至帮助他们蒙混过关的事实。

百度在线网络技术北京有限公司客户发展C5部销售代表郑中田甚至称：医药许可证可以用Photoshop改一个出来，审核就是走个形式，因为审核都是百度内部来审核。

由于竞价排名让花钱的企业出现在被搜索结果的前列，因此，一些不愿为此花钱的企业只能出现在搜索结果的末尾。一些企业向央视记者反映，他们遭到百度的恶意屏蔽，从搜索结果中消失。据童年网负责人介绍，网站创办之初被百度收录的网页多达11万多个，用户可以轻易搜索到童年网，然而在拒绝参与竞价排名后，目前被收录的网页仅为两面。同样的遭遇还发生在名为“中国城市地图网”的网站上，这家网站的负责人告诉记者，在拒绝接受竞价排名服务后，网民已无法从百度搜索到他们的网站。

连续两天，详细深入的批评报道在央视一经播出，立刻引起了轩然大波，对百度的不满、怀疑、失望、愤怒顷刻间集中爆发，一时成为关注度极高的公众议题。紧接着的11月17日，百度在美国的股价应声暴跌1/4，对于百度来说，这是个不折不扣的“黑色星期一”。

针对前所未有的被动局面，百度的应对也是空前迅速的。央视报道的第二天，百度就竞价排名存在虚假医药信息一事作出回应，表态称，已立即对相关的信息进行了下线处理，并表示将对此类信息进行整治，打击垃圾信息和网络欺诈行为。

百度在声明文件中写道："有部分网站利用竞价排名服务推广其网站上的虚假医药信息，是百度对销售运营体系的管理不善造成的，对广大百度用户、对其他竞价排名客户的感情造成了伤害，百度对此表示真诚的歉意。"百度总裁李彦宏在给员工和合作伙伴的邮件中表示，对报道曝光百度存在的问题，感到十分难过和痛心疾首，也将承担起全部的责任。

11月19日，百度就央视曝光百度搜索竞价排名的报道召开分析师电话会议，商议对策。分析师会议上，李彦宏虽然遭到分析师对搜索结果不客观和过多广告的疑问，但认为竞价排名结果不会伤害到用户体验，并且百度的众高管均表示没有改变竞价排名商业模式的计划。百度首席运营官叶朋表示，遭央视曝光的涉嫌造假的员工将被开除。另外，百度已经开始发展下一代的销售模式，包含新的呼叫中心、CRM以及ERP。

然而对于百度的道歉，网友似乎并不买账，在网易所做的专题调查网页上，对"你是否曾有在百度搜到虚假网站的经历?"这一问题，超过3万人选择有过，占该问题总票数的92%，而对"作为一位普通网民，你是否原谅百度?"这一问题，有5万人以上选择不原谅，占该问题总票数的82%。这一结果与李彦宏"竞价排名不会伤害用户体验"的乐观估计相去甚远，也直接表达了网民对百度不愿放弃这一商业模式的失望。

网民们不仅通过投票等方式表达自己的情绪，还分析罗列了目前百度的"四大罪状"，除了"存在欺诈虚假网站信息"、"屏蔽不参加竞价排名网站"这两桩央视曝光的罪状之外，还有"人工干预搜索结果"和"广告与搜索结果混淆"，称百度的竞价排名广告类似拦路抢劫，但特色是不需要制造武器，武器由传统媒体提供。当传统媒体有负面新闻时，百度可以通过屏蔽相关内容获得广告，也可通过置顶等作用放大负面效果，让广告主上门讨饶；并且随着参与竞价排名的厂商越多，用户越难找到想要的结果，在公正搜索中，用户只需在 30 秒内找到的结果，在不公正的搜索中，要 60 秒才能找到，累积起来，浪费了大量的用户时间和社会财富。

在新老媒体的评论中，舆论的声音也是一边倒——“竞价排名：网民的砒霜 百度的蜜糖”、“是什么让勒索营销和暴力营销肆虐了中国互联网?”、“百度竞价排名是精神上的三聚氰胺”、“戳穿商业秘密的黑箱”、“百度竞价排名：你被谁抛弃?”等言论随处可见。百度并不彻底的道歉并未力挽狂澜于即倒，没有能拉住自己，而是在怀疑与排斥的漩涡中愈陷愈深。

百度的麻烦还不仅仅在舆论方面。更早一些，在 2008 年初秋，因质疑“竞价排名”的“猫腻”，百度就被深圳律师黄维领告上法院，如果不是百度提出管辖权异议，此案恐怕已在深圳市福田区人民法院开庭审理。9 月 8 日，淘宝网“为杜绝不良商家欺诈”，首次向外界宣布屏蔽百度搜索链接，向其公正性公开提出抗议；10 月 31 日，就在秋末的最后几天，受河北唐山人人信息服务有限公司法定代表人王冠珏的委托，北京市邦道律师事务所律师李长青，把一册《反垄断调查申请书》送到了工商总局反垄断处一位官员手中，申请对百度滥用市场支配地位的反垄断调查。这是《反垄断法》实施以来发生在网络领域的第一例。而这个“多事之秋”现在看起来只是百度品牌受伤的一曲小小的前奏。就在百度被央视炮轰不久，“反垄断第一人”李长青正组织一家律师团针对百度进行大规模起诉。律师团的领头人并非李长青，而是法易网的 CEO 王丰昌。王丰昌表示，“最快在两周内，我们将发起对百度诉讼，起诉并非要针对百度，而是迫使百度正视竞价排名的商业模式”。对此，王丰昌态度坚决，“不谈判，不和解，期待公正的判决”。他透露，目前已有 50 多家企业和中小网站加入集体起诉行列，预计两周左右便可超过 100 家，届时将正式提交大规模起诉。

在百度被舆论和司法手段前后夹击的当口，专业的分析师对百度的看法也不乐观。摩根分析师 Richard Ji 表示，由于受到央视报道的冲击，百度面临“大麻烦”。在此之前，他曾点评过分众垃圾短信曝光、蒙牛与伊利毒奶事件，事后分众股价下降35%，蒙牛与伊利股价下跌40%～60%，而这些公司都被央视搬上了屏幕。

从如日中天的民族搜索引擎，到现在腹背受敌的窘境，百度这次伤得着实不轻。

案例评析

一、百度危机的深层原因

百度成立到如今，不过十年的光景，就好比一个孩子，生得聪明漂亮，原本是家里的宝贝、未来的希望，很是风光了一阵子，忽然做错了事，又被家长逮了个正着，糗得很。原本那些交口称赞这孩子的亲戚朋友，幸灾乐祸者有之；痛心疾首者有之；大呼上当者有之；恨铁不成钢者有之。众人议论纷纷，都觉得百度这孩子此次犯错其实是犯病，要是病根不除，下次还得再犯，至于病根，就是他平时“竞价排名”吃得太多，需得学哪吒割肉剔骨，排了体内毒素，并且以后保证不吃才能治好。然而，亲戚朋友里毕竟没有一位郎中，要是替百度细细号号脉，其实这病的根源和疗法却不该这样简单。

所谓竞价排名，是一种搜索引擎卖广告的形式，通过收取费用，让付费客户出现在搜索结果的前排，出价越高，排名就越靠前。这一商业模式有它的原罪，那就是人为改变搜索排名，从而可能误导用户，并影响搜索体验。但它不是百度的原创，而是由美国搜索引擎overture于2000年首次采用（该公司于2003年7月被雅虎收购），后被多个搜索引擎所效仿和采用。中文搜索引擎百度、一搜等都采用了竞价排名的方式。而且也并不新鲜，百度在2001年推出搜索门户伊始就采用了这种赢利方式，并保留至今。也就是说，使用竞价排名的搜索引擎并没有都出事，百度自己使用竞价排名模式也没有马上出事，竞价排名与百度目前的窘境并不是简单的因果联系。

问题出在百度对这个模式的使用上。

竞价排名也出现在谷歌中。谷歌将广告排名置于搜索结果页的右边单独显示，尽可能减少普通网民的误判。谷歌不允许在自然搜索结果页上显示任何广告，以免误导用户；谷歌刊登的广告只会出现在搜索页面的右边或者顶部的独立区域，并且用竖线或底色与其他的自然搜索结果明显地区别开来；而且，谷歌标识出的“广告”也不是纯粹根据广告主出价来排序，而是会考虑到该广告对用户搜索词的相关度，而不只是出价最高的。谷歌所有广告信息均清晰无误地被标记为“赞助商链接”（“Sponsored Links”），谷歌认为这一术语是被国际广泛接受并认可的标准术语。

而百度的竞价排名是“改良”后的版本——结果和自然搜索结果混为一体，竞价排名仅仅将链接下方的小字“网页快照”换做“推广”，用户难以区别。“在某次审理百度竞价排名遭遇诈骗的案件中，连法官都不明白什么是‘推广’，何况一般用户。”律师姚克枫说，中国80%的网民不知道“百度推广”和“百度快照”的区别，按照大多数用户的习惯，用关键字搜到信息后，会直接关注第一页的搜索结果。这意味着，用户直接点击的将是给百度带来收益的广告，而自己却并不知情。

将广告客户的链接和正常的搜索结果混同在一起，就好像一张报纸的广告不仅出现在广告版，也混迹于新闻版，并且用户很难区分哪些是新闻，哪些是广告。如果说百度的这种做法是对竞价排名的“不当正用”的话，那么当百度把这把吸金的利器反过来用的时候，更恶劣的结果就出现了——给钱就可以让网站的排名靠前，那不给钱呢？从童年网、中国地图网、全民医药网和其他大大小小的网站得罪百度之后惨淡的遭遇已经可以看得明明白白。

不仅如此，百度不仅把竞价排名的概念不当正用、反用，甚至还有创造性地“活用”。最明显的一个例子就是2008年三鹿事件中传得沸沸扬扬的“300万元屏蔽负面新闻事件”，此传言未获证实（也没有证伪），但众所周知的是，信息只有在可以被控制的时候，收买才显得必要。有媒体曾经报道，在百度为客户提供的诸多销售方案中，危机公关排在第一项：如果客户出现负面新闻，那么百度可以通过技术后台进行人工干预，屏蔽相关链接。百度虽然出面予以否认，但三年前“大头娃娃”事件、一年前“蕃茄花园”事件、数月前“达能含菌量超标”事件，百度几乎无役不与，一直不能从丑闻中脱身，无法摆脱众人的质疑。

从“不当正用”、“反用”到“活用”，百度将竞价排名中为钱干预搜索结果的范围越扩越大，在这条路上越走越远，这已不仅仅是一个商业利益的问题，而是一个道德的问题。

然而只谈道德，毕竟是虚的。自从20世纪末中华网在纳斯达克揭竿而起，掀开了中国民族品牌在美国等成熟资本市场上市的革命历程。不过，随着海外上市监管的日益加强，业绩压力成为这些上市公司最大的问题。分众传媒就在过去的2年内兼并4家公司。兼并的几家公司，包括移动营销公司、室内广告公司、好耶公司和平面海报广告公司等，但是这些新并购的企业并没有为分众传媒的发展注入太多的元素，反而分众无线因为垃圾短信问题触犯了中国人的道德底线，最终惹火烧身。

现在，这把火烧到了百度身上。长江商学院案例研究中心高级案例研究员蒋德嵩分析指出，一些在我们看来是陷入“道德危机”的企业，实际上都是管理出了问题。一方面，在业绩的压力下公司快速扩张，管理跟不上导致内部失控；另一方面，增长放缓，成本控制能力不佳，使企业不得不采取降低产品质量和服务等方式来维持赢利能力。长期而言，这都是非常致命的。虽然百度已经在国外上市，但在推动产业与公司内部运营管理方面，却是很本土化的水平。由于中国市场整体环境仍有待完善，许多产业链整体市场化程度不高，市场运作仍有许多“灰色地带”。这时，如果企业的内部管理能力、人才及激励机制、战略制定与执行力等各方面没有跟得上企业发展速度而同步得到提升，则很容易出现公司规模越大、市场扩张越快、它的内部管理矛盾就越加突出的结果。李彦宏本人也在悔思央视曝光事件时承认，百度“真空运行一年”，“公司几乎所有重要的职位都没有人，运营上出问题不是偶然，某种程度上是必然的”。或许，百度目前所面临的问题，有一部分是少数员工和代理商因为管理漏洞造成的。但百度在飞速扩张的同时没能建立一套完善的管理体制是事实，终是难辞其咎的。

总之，百度的病根，表面上看是竞价排名，但其实质是滥用人工干预搜索结果，而这一行为，因为背后有业绩压力和逐利之心做推手，面前又缺失商业道德作劝止，所以难免一路狂奔，最后栽进了坑里。而要规范不道德行为，让百度在做大之后担负起与其地位相符的责任，仅仅讲道德是不够的，可行的办法就是建立一套和发展速度、企业规模相适应的完善的管理体制。而这样一套管理体制的建立，也要仰赖于整个社会环境的法律、道德、规范程度。有人为百度辩护，说它实际上承担了社会整体监督体系缺失而带来的全部责任，不无道理。

二、百度危机的应对方法

1. 专心做好一件事

再多的不道德、作恶指责，对百度来说并不是最重要的；对百度来说，最重要的是——利益决定一切，百度首先是一家追求利益最大化的商业公司。

或许，每个行业发展之初，总有些资本积累手段是肮脏的，但真正有社会责任感和远大志向的企业，总是在发展过程中逐渐规范自己。

那么，百度不想改变和规范吗？只是百度已不能改变，至少短短几年内不能改变了——如果改变了竞价排名，那么将是百度帝国大厦轰然之间的倒塌。

百度走上过度追逐利益的道路的原因是什么？一是竞价排名吸金太容易，它是百度赢利的主要支柱，百度2008年第三季度总收入9.191亿元中，竞价排名收入就接近9亿元；二是上市后股东和投资者的压力，高额股价让百度骑虎难下；三是百度的战略发展需要很多钱，这也是极其重要的原因。

为了寻找新的赢利点，上市后这几年，百度走上了一条多元化道路。贴吧、知道、空间、百科、新闻、视频、财经、游戏、IM、B2B、C2C等相继推出；收购了千千静听、天空软件、超级兔子、Hao123等网站。此外，百度还进军了日本和中国台湾。

多元化不仅仅是机会，更意味着巨大风险。百度多元化战略并不清晰，产品线杂乱繁多，尽管给百度带来了一些流量，但并没有变为价值，没有给百度带来新的赢利点。相反，多元化过于紊乱占用了大量现金流。从百度2008年第三季度来看，仅仅是在各种多元化业务带宽和研发上的费用，百度每个季度就需花费1.2亿元人民币，占其季度收入的18%。这意味着，百度搜索业务的研发和发展，实际上是被削弱了。

多元化业务同时给百度主营搜索业务带来了负面冲击，树敌太多则让百度陷入“四面楚歌”境地。尽管如此，百度仍然没有找到新的赢利点，竞价排名的收入仍占据百度高达90%以上的营收。可以说，百度多元化是一项失败的战略。

更重要的问题并不是多元化的失败，任何一家企业都可能遭遇多元化问题，而是百度早已不是那个更懂中文的百度了。寻找新赢利点的失败，为了养活这些杂乱繁多的多元化业务，百度就不得不放弃公正性，忽视用户体验，进一步从竞价排名中疯狂掘金。回归百度的本来使命，才是李彦宏应该认真考虑的。

2. 找准自身的定位

百度如何给自身定位，是搜索引擎，还是网络营销公司？如何给客户和用户定位，孰高孰低？如何给利益定位，是业绩压倒一切，还是有些事情不能去做？

在这个时代，忽视用户体验、放弃公正性和道德责任的企业，最后都将不可避免地走向失败。百度目前在京、沪、穗三城市出现了下跌，这是百度首次市场份额下跌，百度可以不在乎巨大的争议和指责，但竞价排名损害用户体验反作用于市场的恶果，不正是对百度最好的警示么？

可以肯定，人们正在越来越多地依赖于搜索引擎。《连线》杂志创始人约翰·巴特利在《搜》中说："搜索引擎已经在不知不觉中深深改变了我们的做事习惯和生活方式，使其成为通往整个世界的需求、兴趣恐惧和欲望窗口……搜索引擎注定会成为 21 世纪资本的枢纽。"

同样可以肯定的是，人们并非离不开百度。人们需要的是更方便、更迅速、更准确、更公正、更有序、更道德的搜索引擎，"用户体验至上"并非一句空话。

截至目前，百度在争议指责中做了几件事情：李彦宏道歉、辞退作假员工、删除虚假信息、下撤医药类竞价排名。另外，据说还加快了"凤巢计划"广告系统的推出步伐——强调将广告和搜索结果明确分开，改进目前的竞价排名商业模式。

但这就够了吗？在用户体验、品牌形象、经营管理、商业模式上，百度应该有着怎样更多的变革和建设？当百度多元化和搜索引擎这一生存基石冲突时，百度又该如何去寻找发展的平衡木？

只有百度认识并解决了这些症结问题所在，百度才有望转型成功，真正成为领导型的、有社会责任感的企业。解决这些症结的办法或许千千万，但其核心思想却只有一个：良好的用户体验、公正的商业伦理。

3. 百度要靠法律来拯救

同时，对于搜索引擎行业来说，也应该完善监管体系，健全相关标准和法规，这样才能有效监督与保障用户的利益。但目前来看，竞价排名业务几乎不适用于任何专门法律，比如《中华人民共和国广告法》（以下简称《广告法》）上并没有规范搜索引擎的关键字广告的侵权标准。

不过，互联网协会政策与资源委员会专家委员胡钢律师明确指出，竞价排名就是广告，目前使用的《广告法》是1994年开始实行的，对一些新兴事物已不适应。从用户的搜索体验来说，提供搜索服务的厂商在网站上出现商业性广告是合理的，人们也能理解，但是不能过分侵入到用户的搜索体验。用户键入关键词得到的搜索结果如果第一页全是“推广”的东西，不仅浪费用户时间，也浪费网络资源。

自2002年起，美国、欧盟各国以及日本、韩国等亚洲发达国家已纷纷以行业规范和法律条文等形式，将搜索引擎的公正和客观推而广之，形成搜索引擎基本的行业标准。中国在互联网业飞速发展的今天，立法的脚步实在不该也不能落后。未来的人类社会，或许需要智慧创新的搜索引擎，但在现在，必须在“利益”和“客观”之间做到平衡。而这就得靠整个社会的监督，尤其是立法和执法来实现。

三、百度危机的行业启示

百度危机，是对互联网业，乃至对整个中国商业社会道德缺失的一种警醒和拷问。不道德而能强大，或者说因为不道德而强大，不道德构成强大的必由之路，现实生活中的这种隐性逻辑，已经通过奶业的集体癫狂，通过某些垄断行业的不断做大，而得到淋漓尽致的展示。不作恶本来是对企业公民的最低要求，但作恶却成为部分企业生存的前提。仅以互联网业为限，仍是令人触目惊心。

天涯社区总编梁树新忧心忡忡地写道：DoNews网络创始人刘韧的病毒事实上和百度一样，都叫“勒索营销”或“暴力营销”。这种病毒早已在整个中国互联网泛滥成灾。大部分具备影响力的网络媒体平台，门户也好，社区也罢，有多少没干过或明或暗的“勒索营销”？当然，台面上的说辞会好听和专业很多，叫“危机公关”。但有多少“危机”是自己制造出来的？有多少互联网企业充当过广告客户的“网络打手”？有多少像百度那样收过“保护费”？……所有这些行业潜规则，业内人士从来都心照不宣。

看看那些大名鼎鼎的杀毒软件厂商与病毒、流氓软件、黑客之间的关系，与其说是黑与白的博弈，不如说是互相依存、尔虞我诈的盟友关系。这条暗流涌动的杀毒产业链中，竞争对手之间的口水战已经屡见不鲜，这是一种危险的信号，总有一天会曝出让这个行业元气大伤的惊天黑幕。

再看看以某知名游戏为代表的网络游戏，把对人性弱点的洞察和利用发挥到了极致，以高超的营销手段把青少年们变成了“精神病人”——用钱就能把对手干掉，老子就能天下第一！这恰恰就是网游行业的“竞价排名”。互联网催生了众多的财富神话，却在高速运转推动社会进步的同时忘了自己，以致短短几年病重如斯。

互联网企业没有任何资本摒弃作为一家企业所需要承担的道义与良知，而自恃强大与羽翼丰满也从来都不是践踏商业道德底线的理由。

原因很简单，谁能告诉大家，你是不可被替代的？

刘韧也许会回来，百度的危机最终也会过去，但他们都在警示着一点：中国互联网需要借此机会，刮骨疗毒了。

（王　嵩）

Twelve Wounded Brands
in the Olympic Year of 2008

第十二章

国美电器的年末之痛

品牌背景

国美电器集团成立于1987年1月1日，由黄光裕及其兄黄俊钦创办，是目前中国最大的以家电及消费电子产品零售为主的全国性连锁企业。

1986年，17岁的黄光裕（当时名为黄俊烈）和哥哥黄俊钦，揣着在内蒙古做贸易攒下的4 000元，然后又借了3万元，在北京前门的珠市口东大街420号盘下了一处100平方米的名叫“国美”的门面，那是一座二层小楼，先卖服装，后来改卖进口电器。

1992年，国美在北京将所有店铺统一命名为“国美电器”，形成中国最早的连锁雏形。1995年年底，国美电器商城从一家变成了10家；1996年，以长虹为首的国产家电崛起，国美由先前单纯经营进口家电商品转向经营国产、合资品牌家电商品。2003年11月，国美在河北开业，至此国美全国直营门店数量突破100家。目前，国美电器集团在全国近300个大中型城市拥有直营门店1 300多家，旗下拥有国美、永乐、大中、黑天鹅等全国性和区域性家电零售品牌，年销售能力1 000亿元。2003年、2006年国美电器相继在香港、澳门开业，迈出中国家电连锁零售企业国际化的第一步；2004年，国美电器在香港成功上市；2007年1月，国美电器与中国第三大电器零售企业永乐电器合并，12月，全面托管大中电器；2008年3月，控股三联商社，成为具有国际竞争力的民族连锁零售企业。目前，集团拥有员工（含门店促销员）近30万人。

国美从初创就坚持“薄利多销，服务当先”的经营理念，国美的强壮发展之路，伴随着许多业内先河的开创：

1990 年，国美创新供销模式，脱离中间商，与上游厂家实施直供模式。

1991 年，国美率先创新在《北京晚报》刊登中缝报价广告，打出“买电器，到国美”的标语，每周刊登电器的零售价格，同时与外资品牌联合投放广告，走出了坐店经营的传统模式，被誉为“中缝大王”。

1999 年 7 月，国美在天津开设两家连锁店，遭到当地十大商家的强烈抵制，反倒使国美的知名度极大提高，被业界称之为“国美现象”。

1999 年，国美率先推出 80 公里免费送货、免抬服务、开通 800 免费咨询电话、厂商联保等服务措施，突出家电专业化服务特色。

2000 年 7 月，针对当时彩电峰会的限价，国美在家电流通业中率先发出自己的声音，并成功击垮不合理的限价联盟。

2002 年 7 月，国美主办的“中国手机高峰论坛”在北京举行，率先在传统家电品类中引入手机，奠定了国美在手机零售市场的领先地位。

2003 年 11 月，国美在香港的第一家门店——旺角商城成功开业，标志着国美在实施国际化战略的道路上迈出了关键性的一步，国美也由此成为中国家电零售领域走向海外的第一商家。

2004 年 2 月，国美启动“彩虹服务”，并与海尔、海信、科龙、新科等知名家电制造企业结成服务联盟。

2004 年 6 月，国美电器有限公司在香港上市。

2005 年 4 月，国美收购哈尔滨黑天鹅电器品牌及全部网络。

2005 年 9 月，国美与永乐首度联合现金采购，从竞争走向竞合，此举被称为国美永乐创新经营的重大突破。

2006 年 2 月，美国基金公司华平投资集团投资国美，国美成功引进国际战略投资者。

2006 年 5 月，国美与英特尔实现战略合作，表明国美在 IT 渠道的影响力正在增强。

2007 年 9 月，国美与戴尔实现排他性合作，成为中国地区唯一零售渠道。

2007 年 12 月，国美全面托管大中电器。

2008 年 3 月，国美电器控股三联商社。

国美电器的市场领导者地位，不可置否，至今保持了多年：

2003 年 2 月，中国连锁经营协会公布了 2002 年中国连锁经营企业排名结果，国美以年销售额 108.96 亿元位居第四名，在中国家电零售企业中位居第一名。

2003—2005 年，在商务部公布的我国连锁企业经营业绩中，国美连续三年在中国家电零售业中位居第一名。

2005 年和 2006 年，在世界品牌实验室（WBL）颁布的“中国五百最具价值品牌”中，国美以品牌价值第一位连续两年成为最具品牌价值的中国家电连锁业第一品牌。

2007 年 3 月，商务部和中国连锁经营协会共同发布了 2006 年中国连锁经营业绩，国美以年销售额 869.3 亿元位列第一名，成为中国连锁业的“领头羊”。

2008 年 3 月，中国连锁经营协会发布 2007 年连锁百强经营业绩，国美以年销售额 1 023.5 亿元位列第一名，再次领跑中国连锁业。

2008 年 9 月，国美电器首次入围福布斯杂志亚太上市公司五十强。

2008 年 10 月，《财富》中文版发布“2008 最受赞赏的中国公司”排行榜，公布了 25 家全明星公司，国美电器连续三年跻身其中，并成为最受赞赏的中国家电零售企业。

作为国美创始人的黄氏两兄弟于 1993 年分家，当时国美电器在北京已初具连锁经营雏形，同时开始涉足房地产业。哥哥黄俊钦获得包括房地产业务在内的一部分资产，之后创办了以房地产为主业的新恒基集团，建立了“新恒基系”，在京城及东北拥有数栋著名的大厦。黄光裕则分得国美品牌和数十万元现金，之后创办的鹏润集团除了国美电器，还包括鹏润地产和鹏润投资，组成了“鹏润系”。

由于国美电器在业界的领袖地位，作为领袖的黄光裕成为国美的标志性人物。其中，关于黄光裕最耀眼的光环就是“中国首富”。

2004 年 10 月，“2004 胡润百富榜”推出，黄光裕以 105 亿元成为中国首富；2005 年的胡润百富榜中，黄光裕以 140 亿元蝉联中国首富；2008 年胡润百富榜发布，黄光裕以 430 亿元第三次问鼎中国首富。

除了“中国首富”，黄光裕作为新时代的精英代表，荣获了无数的称号。

2004 年 11 月，在“2004 年中国品牌战略高峰论坛”组织的“未来 5—10 年中国最具有潜力成为国际企业家”评选活动中，黄光裕荣获“未来国际企业家之星”称号。

2005 年 1 月，中国商业联合会等 20 多家机构授予黄光裕为“2004 中国商业年度人物”。

2005 年 1 月，中国最大的门户网站之一搜狐网站评选黄光裕为“2004 年新民企领袖”。

2005 年 6 月，《南方人物周刊》评选黄光裕为“十大青年领袖”。

2005 年 6 月，黄光裕当选为中国工商理事会副理事长。

2006 年 5 月，黄光裕荣获美国《时代》周刊评选的“世界百位有影响力人物奖”。

2006 年 6 月，黄光裕被中国诚信企业家大会评为“2006 中国诚信企业家十大新闻人物”。

案例介绍

在对中国来说不平静的2008年，在黄光裕被拘查事件之前，国美电器的发展还算平稳。3月，国美控股在山东占据一席之地的家电零售企业三联商社。控股后，国美全国门店总数逼近1 200家，是中国其他家电连锁巨头门店的总和，国美电器的领导地位更加稳固。

黄光裕被拘查事件最早是由香港媒体报道的。11月22日，《世界企业家》首发新闻，杂志网站引述消息人士称，黄光裕因涉及经济问题已经被公安部门带走调查，暂未知其下落。国美集团未对此消息作出回应。之后，香港《大公报》、《苹果日报》等香港多家报纸及传媒报道，国美集团主席黄光裕被公安部门带走调查，国美对多家报纸记者的询问低调回应，并指“事情是造谣、无聊”。当天，国美股价逆市偏软，收报1.12元，跌3.45%，创近三年来新低。

在内地，“黄光裕被调查”的传闻起源于一条群发短信。11月19—21日，北京、广州、上海、天津等地负责家电新闻报道的记者，均收到一则短信，称“国美老板黄光裕和财务总监周亚飞已于周一（17日）被相关部门带走调查，至今无下落。黄的老婆杜鹃和一主要财务人员已潜逃，涉及多起重大案件……”

此后，该消息先后被国内媒体和国外媒体辗转相互转载报道。同时还有报道称不少与国美有业务往来的厂家已在内部发文，表示要尽快清算与国美的应收账款。内地网站报道则称，国美的一些公关人员也紧急拜访内地一些传媒的负责人，希望不要报道有关事件。

11月23日，据多家媒体报道，国内家电连锁巨头国美电器掌门人黄光裕因经济问题被警方带走接受调查。接近黄氏的消息人士称，事发在11月19日晚些时候。消息此后传开，但一直未获国美正式证实。报道称，黄光裕被调查的起因是涉嫌“操纵市场”，具体系指对其兄黄俊钦控股的ST金泰股价进行操纵。

对ST金泰的股价操控成为黄光裕被拘查最有可能的导火线。之后，ST金泰大起大落的传奇便成为各大媒体深入报道的重点。（资料显示，ST金泰曾在2007年内短期创造出30多项涨停的纪录。股价从2007年2月28日的3.16元涨至14.09元，上涨近4.5倍。2008年8月31日，更涨至26.58元的最高价。大涨之后是大跌。在11月21日收于2.31元。2008年10月31日，该公司发布年度预亏公告，其三季报的股东权益仅为一2亿元。）

关于黄光裕被拘查事件，各大门户网站迅速建立综合新闻专题，对事件的进展进行及时更新报道。中央电视台的《东方时空》等栏目也进行了特别关注。

11月24日早，国美通知在联交所停盘，持续时间至另行通知。国美表示："此举旨在避免媒体进一步发放未经核实之指称而可能导致市场陷于混乱及公司证券产生波动。"24日，在国美电器临时停牌的同时，同受黄光裕控制的中关村也紧急停牌，深交所称因媒体报道了中关村实际控制人相关的信息，根据该所上市规则中相关内容的规定，将于11月24日开市起对中关村临时停牌，待公司刊登相关公告后复牌。

24日中午，针对供应商消极应对的报道，国美就黄光裕被查传言发出第一份声明：海尔、长虹、创维、康佳、格兰仕、美的六大家电巨头联合向国美电器表示，"目前与国美电器的合作一切正常"。六大家电巨头称，将一如既往支持国美电器，继续加强深化战略合作伙伴关系。

同日，国美首次对黄光裕被拘传言作出正面回应——

针对社会有关国美董事局主席黄光裕先生的传言，国美电器集团作如下声明：国美电器管理层正在核实相关情况，目前国美电器没有接到任何部门与本传言有关的法律文件。

国美电器是一家独立的上市公司，具有成熟的管理运营体系，经营管理一切正常。对于传言，海尔、格兰仕、创维、长虹、海信、

TCL、康佳、美的、夏普、飞利浦、索尼、松下、西门子、方太、老板、帅康等家电业巨头向国美电器发来声明，鼎力支持国美电器。

国美电器的前三季度经营业绩优秀，管理层对未来业务增长充满信心。

随后，国美发布了第三季度财务报表，报告至第三季度业绩增长超过20％。

虽然国美已发布获得供应商的支持，但与国美有大额未结账款的上市家电公司为数不少，媒体仍保持密切关注。为了证明国美与供货商关系的正常性，24日下午，国美对外宣布了和夏普10亿元液晶电视的供销合同。同时，一些核心供应商已经获得国美“现款现货”的“待遇”，与国美的购销协议不同程度地都采用了现款现货的方式，继续合作的信心得到保证。

在国美停牌的24日，ST金泰也停牌。作为国美电器在中国家电零售连锁市场最大的竞争对手，苏宁电器23日大幅走强，早盘最高涨幅一度达到9.22％，收盘时上涨了1.78％。

25日，国美电器副总裁接受访问，表示国美的经营管理一切正常。“不会由于一个人的原因而影响到整个集团公司的发展。”媒体同时证实，国美启动了应急预案，成立包括以总裁陈晓、常务副总裁王俊洲在内的7人决策小组，确保国美的稳定运行。

25日中午，黄俊钦表示黄光裕被调查属实，同时否认黄光裕操纵ST金泰。

同日，北京警方证实国美集团主席黄光裕确实被调查。不过，对其被调查原因，以及黄光裕是否仍然在接受调查，北京市公安局称“暂无法透露”。证监会则表示黄光裕事件是由公安部门主导的刑事案件，证监会只是协助调查。

26日，国美与12家供应商签订了合作协议。为了保证12月1日国美举行的22周年大型店庆促销活动不受近期负面传闻影响，国美正在向国内外近百家供应商提出大额订单，总金额将超过300

亿元。

26日晚间，黄俊钦被拘查。

27日上午，北京市公安局新闻办首次证实并告知国美，国美集团董事局主席黄光裕因涉嫌经济犯罪，目前正在接受警方调查。

28日晨，国美电器发布公告证实，公司董事局主席黄光裕因为经济犯罪被公安局调查，任命国美执行董事兼行政总裁陈晓为公司董事局代理主席。国美首席财务官周亚飞也在接受公安局调查，同时，委任方巍为集团代理首席财务官。公司管理层在公告中声明，经过核查，没有发现资产被挪用或占用，但会聘请独立会计师行对公司进行风险及内部监控评估。

28日下午，中国证监会相关发言人对外证实，2008年3月28日和4月28日中国证监会分别对三联商社、中关村股票交易异常立案稽查。调查发现，在涉及上市公司重组、资产置换等重大事项过程中，北京鹏润投资有限公司有重大违法违规嫌疑，涉及金额巨大，中国证监会已依法将有关证据材料移交公安机关，北京鹏润投资有限公司的实际控制人为黄光裕。

12月1日，中关村发表公告，公司第一大股东北京鹏泰投资有限公司法定代表人黄光裕以及公司董事长兼总裁许钟民因涉嫌经济犯罪，目前正在接受警方调查，这一事项对公司生产经营的影响目前尚无法判定。目前，许钟民已书面委托公司董事魏秋立主持公司董事会日常工作，书面委托公司副总裁周宁主持公司日常工作。

受黄光裕事件影响，中关村1日以跌停价开盘，全天维持在跌停板上。2日，中关村继续以跌停开盘，后打开跌停。ST金泰于3日复盘，跌停开盘，后出乎意料地以涨停收盘。同日，中关村和三联商社也低开高走。

12月7日，国美公布了“后黄光裕时代”的首份促销业绩。国美北京分公司总经理阎小兵表示，在“国美22周年庆”中，北京分公司的销售业绩已逼近2008年“十一”黄金周的销售纪录，为上年同期的近两倍。

10 日，国美发布公告表示已委聘独立法律顾问协助对国美的企业管治常规进行独立检讨，并就有关调查提供意见及协助。而国美拟根据特别行动委员会之建议进一步改善其企业管治常规。国美复牌时间将另行通知。

案例评析

一、国美伤势

1. 中关金泰跌涨无谱，国美复牌压力大

中关村、ST 金泰、国美电器在受黄光裕事件影响后，陆续停牌，中关村、ST 金泰在陆续复牌后都首遇跌停后又高涨。12 月 1 日，中关村正式复牌，复牌后即遭遇跌停。在 28 日北京市公安局新闻办证实黄光裕涉嫌经济犯罪后，1 日中关村科技首次发布公告称，其董事长兼总裁许钟民也因涉及此案正接受警方调查，并表示该事项对公司的影响尚无法判定。公告一出，中关村立刻遭到大量抛售，复牌便报在跌停外，直到收盘时，中关村的股价仍被 37.5 万手抛盘死死压在 3.37 元。而公开信息显示，投资者对中关村避之不及，昨日复牌后的交易量不足上个交易日一成。

3 日，ST 金泰复牌，以跌停板开盘，此后震荡上涨，至尾市时，ST 金泰受大买单持续冲击以涨停报收。同日，中关村和三联商社走势很强，大涨收盘。至 8 日，中关村、ST 金泰和三联商社全数涨停，换手率骤升。

先跌停后涨停，从股票的情况来看，黄光裕事件带来的波动似乎还未平息。国美电器从 24 日停牌后至 12 月 11 日，仍无复牌迹象。这期间，各大投资银行的分析都对国美电器持负面态度。高盛指，虽然国美电器第三季度业绩符合预期，但市场的焦点集中在黄

光裕被拘查事件是否涉及国美电器业务、银行是否会撤销对国美电器的短期融资以及供应商是否会继续支持国美电器这些问题，在调查完成之前，市场对这些疑虑是无法消除的。美林则认为，国美电器的这些不明朗因素，会使其2010年到期的46亿元可换股债券面临提前赎回的压力。这些分析进一步影响股票市场，给国美复牌带来巨大的抛售压力。

2. 投资银行降低价位，国美信贷紧缩

虽然国美两度在公告中强调黄光裕案“与本集团没有关联”、“本集团的管理、营运以及业务不会受到影响”，但多家投资银行如美林、高盛、瑞信、野村证券以及中银国际等，在各自发表的研究报告中一致调低对国美电器的评级，建议“减持”、“沽售”。中银国际预计，国美2008年的同店销售额为零增长，2009年的同店增长（指单一店内的经济指标的对比增长）可能会下跌5%，国美电器毛利也会收缩。DBS唯高达证券则预测，国美电器销售收入每下跌1%，其核心赢利便会下挫15%，因此决定削减对国美电器2009年的赢利预测。瑞信11月24日发表报告，将国美的目标价由1.30港元大幅度调低至0.35港元，并将国美2008—2010年度赢利预测调低1%～10%。有报道称，瑞信指出，国美电器在同业中受信贷紧缩影响是最大的。

此次黄光裕案恰逢欧美遭遇次贷危机带来的经济寒冬，各大投资组织对信贷的谨慎也决定了国美短期融资面临重重困难。

3. 封闭消息消极应对，国美形象打折

在黄光裕事件发展的整个过程中，国美采取了封闭保守的基本姿态。在关于案件的报道占据各大媒体大幅版面的时候，国美的声音依旧稀缺。对此，大众对信息的需求和当事方的沉默导致了更多猜测的流传。黄氏兄弟违规贷款、黄光裕向商务部原官员行贿等可能事由又被旧账重提。一直表现活跃、积极领导同业发展的国美突然缄默，失语让国美笼罩在更多的团团疑云之下。有关香港反应的报道称，无论是香港的机构投资还是小股东都怨声载道。在一些门户网站的专题调查中，对国美电器不再信任的投票比例颇高，甚至达1/3。虽然网民投票不能代替真实情况，但从中却可以看到，国美在这次事件中表现出的封闭、不自信、不诚恳，恐怕会为国美整体形象蒙上一层阴影。

4. 缺失预防准备，国美“去黄光裕化”任务艰巨

在此次事件之前，黄光裕和国美也经历了类似的危机：2006 年黄光裕因被疑违规贷款而被调查，之后调查撤销。2008 年 6 月，税务总局在全国范围内开展专门针对国内三大家电巨头增值税存根联滞留票的核查行动，之后国美、苏宁等都发出公告澄清，并表示没有收到任何法律通知。

此次属黄光裕第二次被调查，但国美仍然没有积累从前的经验，及时证明国美资产未受影响。国美直到 27 日被通知黄光裕被拘查的第二天才在公告中声明：国美资产经核查未被挪用或占用。这一语终于使许多投资者放下了心中的大石头。

作为创始人和行业标志性人物的黄光裕，和国美的运作究竟有多密切的联系，是国美能否渡过危机的重要因素。人们对国美是否有信心，也主要源于此。黄光裕案件之后，国美需要摆脱黄光裕的“劣迹”，也需要从黄光裕的光环中走出来，打造“自力更生”的品牌形象。对庞大的国美集团来说，这条“新生之路”将会充满挑战。

二、受伤原因

1. 国美：权力未下放，管理机制未完善

作为国美的创始人和三次荣登中国首富位置的黄光裕，是民族企业国美的标志性人物。一荣俱荣，一损俱损，黄光裕和国美之间的密切关系是国美受伤的最主要原因。黄光裕一手打造了国美电器这个中国传奇，国美的每一步前进都离不开黄光裕的身影。特别在2008 年，国美的一系列扩张收购，都反映了黄光裕个人对国美的规划。有人称黄光裕为“商圣”，可见黄光裕在中国商界的地位及影响力。于是，许多人把国美的未来寄托在黄光裕身上也是理所当然的。

作为国内家电零售航母的国美电器，它的经营管理当然并非黄光裕一人。但虽然在收购永乐后，黄光裕便把日常管理工作交给以陈晓为首的7人决策小组。之前，国美还引进华为平等战略投资者，来保证国美权力不会因为黄光裕而出现真空。但通过此次事件国美的“三缄其口”和消极反应，可以看出国美的决策小组依旧没有果断决策的能力和一套有效的预防措施。究其背后原因，也许与黄光裕未真正“放权”有关。国美的资本运作和重要经营决策仍然由黄光裕定夺，其他小组成员只是执行而已。这与真正实现职业经理人团队实施管理，带领企业健康发展的经营管理机制还有一定距离。

于是，在危机发生的第一阶段，国美没有相应的应对措施，导致了无人负责、无人回应的“失语”状态，在第一时间没有争取到影响事件舆论的话语权。

2. 政府机构：信息公开不足，不实传闻泛滥

涉及黄光裕案件的两家政府主要机构为公安机关与证监会。25日，北京警方证实国美集团主席黄光裕确实被调查。不过对其被调查原因，以及黄光裕是否仍然在接受调查，北京市公安局称“暂无法透露”。证监会则表示黄光裕事件是由公安部门主导的刑事案件，证监会只是协助调查。直到两天后，北京市公安局新闻办才首次证实并告知国美，国美集团董事局主席黄光裕因涉嫌经济犯罪，目前正在接受警方调查。

从公安机关角度而言，我国法律中虽无明文规定办案机关有责任或者义务随时向公民发布立案信息，但是《中华人民共和国刑事诉讼法》规定，在公众需要了解此类事情的时候，办案机关有责任至少回答以下4个问题：该人是否被采取刑事强制措施，被采取何种刑事强制措施，涉嫌的罪名是什么，以及何时被采取该措施。考虑到黄光裕案件涉及社会多方及众多投资者利益，办案机关也有责任对公众和媒体的询问进行公开。

从监管部门层面而言，2008年5月1日，为满足市场参与者和公民、其他机构对监管信息的普遍性需求，证监会已在《中国证券监督管理委员会证券期货监督管理信息公开办法（试行）》（以下简称《办法》）中规定了证监会主动公开监管信息的范围，其中就包括对违法违规者的市场禁入及行政处罚决定等。但是，虽然公开范围已经得到确认，何时公开、通过什么渠道公开等具体细则在《办法》里却没有详细说明。即使是因为黄光裕事件已经进入司法程序不能披露侦查秘密的话，证监会也应主动及时地向公众公告此事件的进展程度，使投资人能够了解相关信息。

正是因为官方信息的严重缺失和媒体大众对真相的渴望，在此次事件进展中，对国美不利的多种不实传闻填满了舆论，给国美带来负面伤害。

3. 环境：国际金融危机，信贷消费同时萎缩

2008年，受国际金融危机影响，国内家电消费不可避免地出现增长放缓。虽然国美在第三季度业绩报告中显示，至第三季度国美业绩增长超过20%，较上年同期增长1.57%。但多家投资银行业通过评估，对国美电器第四季度乃至2009年的业绩都不看好。对国美赢利预测的结果降低，直接影响了投资银行对国美信贷等级的评估。而本已处在金融危机漩涡的多家投资银行，对信贷业务更加谨慎，信贷市场呈现大幅度萎缩，这无疑给国美的短期融资又增加了困难。

三、保护动作

国美的这次危机，不仅让人联想起境遇非常相似的创维。2004年岁末，创维董事局主席黄宏生由于涉嫌造假、挪用资金，被香港廉政公署传讯。而创维与国美、黄宏生与黄光裕也有颇多相似之处：同属香港上市公司，都是业界领袖型企业，都是职业经理人团队实施管理（国美并未真正实现）。且两位标志性人物都是从乡下人成为登上福布斯“中国富豪排行榜”的一代富豪，经历传奇。

由于创维在处理黄宏生事件中的危机公关的出众表现，创维不仅很好地消除了事件带来的负面影响，更为创维带来良好的口碑。其危机公关的案例更成为业界研究剖析的经典。

创维当年的危机管理战略主要有：第一时间表明态度；寻求银行、上下游合作商支持；划清公司与当事人的界线、用公司其他方面进展转移视线。

虽然国美在此次事件中也采取了和创维相同的措施，却在实际操作中没有执行到位。主要表现在以下几方面。

1. 未在第一时间表明诚恳态度

11 月 30 日，在香港媒体曝出黄宏生被拘查的当天，创维集团即发布紧急公告，向外界说明具体的情况。包括承认黄宏生接受调查、告知集团业绩良好、运行正常以及保持积极向上发展的势头，“将一如既往地为消费者奉献更好的产品”。当天晚上，创维就开始广邀全国各地的大媒体齐聚深圳，定于第二天，即 12 月 1 日召开正式的新闻发布会。当日的新闻发布会上，创维在深圳的所有董事高层人员全部亮相，大家手挽手意在同心协力渡过这一难关。

对比创维，国美是在香港媒体最早发出报道的两天后才发出公告：针对传言，国美只是声明“正在核实相关情况”，“目前没有接到任何部门与本传言有关的法律文件”。公告不仅延迟，信息量少，更没有表现积极解决的态度，在措辞方面也缺少诚恳。

2. 未积极寻求银行方面支持

创维为了防止危机事件引出企业资金链紧张等问题，以及鼓舞人心，在事件发生后紧急表态：目前创维拥有 30 亿元的可支配资金。与此同时，广发、兴业、民生等七家银行深圳分（支）行行长等也应邀集体出现在创维大厦，表示在需要时可提供支持。

相比创维，国美在事件发生后没有寻求支持的积极举措，媒体的相关报道中，国美的合作银行大多持观望态度，表示关注。还有许多负面报道称银行紧急核查国美授信，以防遭受损失。对投资银行的报道则透露出更多对国美前景悲观的观点，形成了一致的负面舆论。

3. 未充分利用媒体

创维从事件爆发的开始就积极邀请媒体，尽可能扩大自己的声音，表明态度。由于时间仓促，许多记者在新闻招待会之后才赶到。创维通过现场录像和安排高层人员进行沟通，让记者尽量获得所需信息。创维在消除黄宏生事件带来的消极影响的同时，也充分利用媒体宣传公司的新进展，比如利用京城媒体云集的优势，在 2005 年元旦安排新任 CEO 到京城做签售，并同时召开发布会宣布新的手机项目的启动。从而在转移媒体注意力的同时，也为品牌的宣传节省了推广费用。

对比创维，国美在 22—24 日发出第一份公告期间，对媒体采取了躲避、无回应的方式。不仅不能起到掩盖事件的效果，反而激起了外界对事件真相和国美的万般猜测，只会使国美丧失话语权，不利于之后的事实澄清。

从创维和国美应对类似紧急事件的反应来看，可以看出在处理此次黄光裕案件的过程中，国美保持着一种封闭、保守、行动缓慢的姿态。在信息获取与输出两方面都处于被动位置。以创维为范例，国美除了应该针对以上三方面作出改进外，最重要的是在危机公关时必须持有积极主动的态度。国美在接下来的事件发展过程中，快速反应、诚恳表达乐观自信的态度、继续寻求合作伙伴的支持，是消除黄光裕案件负面影响不可或缺的工作。

四、行业余波

作为行业巨头，国美在经历黄光裕案之后，用伤痛向这个行业，或者说是中国的民族企业，展示了企业健康发展之路的方向：企业的持续性、稳定发展终究需要依赖一个卓有成效的管理团队和科学的管理体制。领导人与企业间需要一道“防火墙”，需要随时准备“第二套方案”应对潜在的危机。相信无论是国美或是苏宁，对危机管理都会投以更多的资源“预防为主”。

从辉煌的财富领袖到犯罪嫌疑人，黄光裕“一落千丈”的身份改变，给同业也敲响了警钟。依靠违法的玩弄资金的扩张模式已经一去不复返了。随着证券市场的规范化和监督机制的完善，如何依靠实业企业的卓越管理和经营，加强和上游供应商及合作银行等合作伙伴的良好联系，真正赢得市场份额和消费者的心理份额，才是企业稳健发展的法宝。

国美不等于黄光裕，国美也不会因此而倒下，这代表了企业现代化的进步。但国美少了黄光裕的果断决策力和人脉资源，许多矛盾势必会陆续浮现。经济危机的寒冬还未透进春光，国美管理团队如何经营国美的未来，怎样规划国美的蓝图，仍然是个谜。但可以肯定的是，对家电零售这块大蛋糕，国美、苏宁、百思买等都愿望全倾收入囊中。在短期的行业竞争态势中，各方都会稳扎稳打，稳中求进。毕竟，危机不是每次都经受得住的。

（宋津津）

Twelve Wounded Brands
in the Olympic Year of 2008

后　记

| 后 记 |

2008年12月5日，由中央电视台广告部主办的“*AD*季高校之旅”第七站在厦门大学隆重举行，中国广告协会秘书长时学志在致辞中认为，发生在2008年的诸多产品质量问题实际上是个社会道德和社会责任的问题，解决的办法之一就是提倡绿色广告、生态广告。广告人应该具有社会责任感。

的确，过去的一年带给诸多行业以深刻的启示。对于广告行业来说，意义更为深远。这是一个繁荣的品牌时代。如何让广告和品牌在繁荣中远离虚假，是摆在所有有社会责任感的广告人面前的重大课题，这个课题贯穿着广告业改革开放30多年来在中国发展的整体脉络。

基于此，笔者组织厦门大学新闻传播学院广告系研究生对2008年发生重大伤害的十二大品牌进行重点介绍和点评，涉及的品牌有：万科（王苦舟）、汇源（汪凌瑜）、五谷道场（许慧芳）、三鹿（于利军）、蒙牛（张垠洁）、家乐福（吴雅菲）、康师傅（王丽丽）、刘翔（倪彩虹）、恒源祥（李文瑾）、百年润发（林升梁）、百度（王嵩）、国美（宋津津）。

这是一次年度品牌的大检阅。这个年度由于其特殊性，检阅的意义尤其深远。文中叙述通俗易懂，剖析深入浅出，对于广告和品牌界的实战人士，以及广大广告和品牌的爱好者都有很深刻的启迪意义。

贾丽军　林升梁

2009年1月